essentials

essentials liefern aktuelles Wissen in konzentrierter Form. Die Essenz dessen, worauf es als „State-of-the-Art" in der gegenwärtigen Fachdiskussion oder in der Praxis ankommt. *essentials* informieren schnell, unkompliziert und verständlich

- als Einführung in ein aktuelles Thema aus Ihrem Fachgebiet
- als Einstieg in ein für Sie noch unbekanntes Themenfeld
- als Einblick, um zum Thema mitreden zu können

Die Bücher in elektronischer und gedruckter Form bringen das Fachwissen von Springerautor*innen kompakt zur Darstellung. Sie sind besonders für die Nutzung als eBook auf Tablet-PCs, eBook-Readern und Smartphones geeignet. *essentials* sind Wissensbausteine aus den Wirtschafts-, Sozial- und Geisteswissenschaften, aus Technik und Naturwissenschaften sowie aus Medizin, Psychologie und Gesundheitsberufen. Von renommierten Autor*innen aller Springer-Verlagsmarken.

Weitere Bände in der Reihe https://link.springer.com/bookseries/13088

Ulrike Lichtinger

Positive Schulentwicklung

Positive Psychologie in der
Schulentwicklung für die Beratung
und Prozessbegleitung

 Springer VS

Ulrike Lichtinger
Regensburg, Deutschland

ISSN 2197-6708   ISSN 2197-6716   (electronic)
essentials
ISBN 978-3-658-37034-3   ISBN 978-3-658-37035-0   (eBook)
https://doi.org/10.1007/978-3-658-37035-0

Die Deutsche Nationalbibliothek verzeichnet diese Publikation in der Deutschen Nationalbibliografie; detaillierte bibliografische Daten sind im Internet über http://dnb.d-nb.de abrufbar.

Planung/Lektorat: Stefanie Laux
Springer VS ist ein Imprint der eingetragenen Gesellschaft Springer Fachmedien Wiesbaden GmbH und ist ein Teil von Springer Nature.
Die Anschrift der Gesellschaft ist: Abraham-Lincoln-Str. 46, 65189 Wiesbaden, Germany

Was Sie in diesem *essential* finden können

- eine Einführung in das Konzept der Positiven Schulentwicklung als Hybrid aus traditioneller Schulentwicklung und Positiver Psychologie
- das Mehrebenenmodell der Positiven Schulentwicklung
- das Interventionspaket PERMA^{change} zum Aufsetzen eines systematischen positiven Schulentwicklungsprozesses
- aktuelle Befunde zum Thema Wohlbefinden in der Schule

Zusammenfassung

Schulentwicklung ist insbesondere seit dem PISA-Schock 2000 auf eine Verbesserung der Schülerleistungen ausgerichtet. Positive Schulentwicklung zielt an, Schulen als Orte des Wohlbefindens zu gestalten in der Überzeugung dadurch zugleich Leistungen zu erhöhen. Ausgehend von Befunden der Positiven Psychologie werden Wohlbefinden und Leistung als einander bedingende Komponenten von Schule erachtet. Daher gilt es durch Positive Schulentwicklung Wohlbefinden und Produktivität aller Akteure im System Schule in den Fokus zu nehmen und in einen systematischen, positiven Prozess einzutreten. Das Interventionspaket PERMA^{change} bietet dazu sieben konkrete, Empirie basierte, praktische Schritte an.

Inhaltsverzeichnis

Über die Autorin

Prof. Dr. Ulrike Lichtinger ist maßgebliche Impuls-
geberin für das Konzept der Positiven Schulentwicklung. 2017 kam sie nach Vorarlberg, Österreich, um an der Pädagogischen Hochschule die
neue Professur für Schulentwicklung zu übernehmen und das Institut für Schulentwicklung, Fort- und
Weiterbildung aufzubauen. Gemeinsam mit ihrem
Team hat sie den auf Wohlbefinden in der Schule
ausgerichteten Ansatz entwickelt und mit Schulen
unterschiedlicher Schularten das Interventionspaket
PERMA^{change} pilotiert. Positive Schulentwicklung
erfreut sich mittlerweile einer großen Nachfrage im
deutschsprachigen Raum, weitere Interventionspakete sind in der Entstehung. Als Professorin für
Schulpädagogik an der Universität Eichstätt gibt
sie heute ihr Wissen an Studierende weiter, bietet
virtuelle und analoge Impulse aus ihrem Forschungs-
feld der Positiven Bildung und berät Schulleitungen
sowie Führungskräfte im Schulwesen zur Steige-
rung von Wohlbefinden in der Schule. Im Carl Link
Verlag ist ihr Praxisbuch der Positiven Schulentwicklung erschienen, das die zentralen Bausteine des
essentials umfassender darlegt.
Email: uli@lichtinger.de

Einleitung 1

Im Jahr 1998 übernahm Martin Seligman den Vorsitz der Amerikanischen Psychologenvereinigung APA und erklärte für seine Amtszeit ein aus heutiger Sicht bahnbrechendes Ziel: Flourishing – Aufblühen von Menschen an ihren Stärken und Potenzialen entlang. Seligmans Hypothese war, dass sich die Erkenntnisse aus der therapeutischen Unterstützung von psychisch kranken Menschen auch auf gesunde übertragen lassen müssten. Wenn es über Therapien möglich ist, dass Menschen, denen es schlecht geht, geholfen werden kann, dass sie sich wieder wohler fühlen, so muss es doch auch mit geeigneten Maßnahmen möglich sein, dass gesunde Menschen ihr Wohlbefinden steigern, ihre Potenziale entfalten, aufblühen können. Die Idee einer positiven Psychologie war geboren (Seligman, 2015).

In den mittlerweile gut über 20 Jahren gelang es nicht nur, die Positive Psychologie als empirisch fundierten Ansatz zu etablieren. Vielmehr strahlte und strahlt sie in verschiedene andere Disziplinen aus, sodass heute beispielsweise die Positive Organisationsentwicklung, Führung als Positive Leadership und die Positive Bildung in der Schule davon profitieren können (Lichtinger, 2021). Ihnen allen gemeinsam ist die Überzeugung, dass es darum geht, Menschen in der Ausgestaltung eines gelingenden Lebens zu unterstützen und dafür in dem jeweiligen Feld geeignete Maßnahmen zu entwickeln.

Dazu war es zunächst notwendig, der Frage nach dem gelingenden Leben, nach Wohlbefinden auf die Spur zu kommen. Seligmans Suche nach dem authentischen Glück destillierte nach und nach fünf Faktoren für Wohlbefinden heraus, die über das Akronym PERMA repräsentiert werden: Positive Emotionen (P), Engagement (E), Relations – Beziehungen (R) und Accomplishment – Zielerreichung (A). Einschlägige Forschung belegt, wie die Erhöhung von PERMA die individuelle psychische und physische Gesundheit steigert und soziale Ressourcen

© Der/die Autor(en), exklusiv lizenziert durch Springer Fachmedien Wiesbaden GmbH, ein Teil von Springer Nature 2022
U. Lichtinger, *Positive Schulentwicklung*, essentials,
https://doi.org/10.1007/978-3-658-37035-0_1

erhöht, wie Organisationen aufblühen und dabei nahezu nebenbei ihre Produktivität steigern können, wie Führungskräfte Mitarbeitende inspirieren können und
wie Schulen zu Orten der Potenzialorientierung werden können. 2017 entstand eine weitere Wissenschaftsspur im Kontext der Positiven
Psychologie, die Positive Schulentwicklung (POSE) mit Flourishing SE.

Positive Schulentwicklung mit Flourishing SE setzte sich zum Ziel, die für Schulentwicklung typische Outcome-Orientierung über Leistung hinaus am Wohlbefinden
aller auszurichten, Schulen zum Aufblühen zu verhelfen.

Dieses Buch bietet einen prägnanten Einblick in das Konzept der Positiven
Schulentwicklung und illustriert dessen praktische Anwendung über das Interventionspaket PERMA^{change}. Es richtet sich vorrangig an Schulentwicklungsbe-
ratungen, Schulleitungen sowie Steuergruppen an Einzelschulen und unterstützt
sie beim Aufsetzen eines systematischen positiven Schulentwicklungsprozess. In
Kap. 2 werden dazu die Zielkategorie Wohlbefinden mit PERMA sowie das multidimensionale Modell der Positiven Schulentwicklung und ihre fünf zentralen
Schlüsselfaktoren vorgestellt. Kap. 3 führt Schritt für Schritt in die Handhabung
des Positiven Schulentwicklungsprozesses mit PERMA^{change} ein und gibt dazu
praktische Hinweise und Methoden an die Hand. Kap. 4 stellt aktuelle Befunde
aus der Forschung vor für diejenigen, die an den mit dem Ansatz verbundenen
empirischen Erkenntnissen interessiert sind, und lotet Chancen und Grenzen von
POSE aus. Ziel ist es zu Empowerment in der Positiven Schulentwicklung bei-
zutragen und so dafür zu sorgen, dass Interessierte eigene Schritte mit diesem
Konzept in der Praxis gehen und Freude daran entwickeln können.

Einführung in die Positive Schulentwicklung (POSE)

2

Positive Schulentwicklung wird mit Flourishing SE bezeichnet, da sie sich das Aufblühen der Schule zum Ziel gesetzt hat und mit der Überzeugung antritt, dass Schule gelingt (Lichtinger & Rigger, 2022). Damit greift sie das für die positive Organisationsentwicklung gültige Prinzip der positiven Devianz auf. Es geht dabei insbesondere darum, den Fokus in den Entwicklungen von der Beseitigung von Defiziten weg auf die Stärken- und Wachstumsorientierung zu legen und Everest Ziele, also Ziele die sich auf besondere Leistungen weit über der Norm, auf Visionäres ausrichten, zu verfolgen. Auf Individualebene entspricht eine positive Devianz Seligmans Theorie des erlernten Optimismus. Der Mensch ist nicht per se hilflos und handlungsbeschränkt. Er lässt sich vielmehr als autonomen Entscheidungsträger beschreiben, der sich im Wissen um seine Stärken den ihm begegnenden Herausforderungen im Leben stellen kann (Seligman & Csikszentmihalyi, 2000).

Flourishing SE orientiert sich an den Stärken der Schulleitung, der Lehrkräfte und der Schülerschaft und unterstützt einen systematischen Prozess, der diese Stärken gezielt für Herausforderungen in Schulleben und Unterricht nutzt und so das Wachstum der Schule sowie der einzelnen im System anzielt. Sie stellt damit einen positiven Ansatz von Schulentwicklung dar, der einen strukturierten Prozessablauf vorhält mit geeigneten Interventionsbausteinen, die der Förderung einer stärkenorientierten, positiven Schule dienlich sind. Dazu werden Erkenntnisse aus der Positiven Psychologie (PO) mit Schulentwicklungsforschung (SE) zu POSE, der positiven Schulentwicklung, kombiniert. Damit wird das Beste aus den beiden Welten in einer Synthese genutzt. Wachstum und Wohlbefinden werden so nicht nur zur Zielkategorien, sondern gleichzeitig zum tragenden Fundament des gesamten Prozesses.

© Der/die Autor(en), exklusiv lizenziert durch Springer Fachmedien Wiesbaden GmbH, ein Teil von Springer Nature 2022
U. Lichtinger, *Positive Schulentwicklung*, essentials,
https://doi.org/10.1007/978-3-658-37035-0_2

2.1 Wohlbefinden als Zielkategorie von Schulentwicklung

Nach wie vor findet sich in Schulen die Vorstellung einer unüberbrückbaren Polarität von Wohlbefinden und Leistung. Werden Eltern gefragt, was Schule ihrem Nachwuchs bieten soll, so kommen sehr widersprüchliche Antworten. Stehen Unbeschwertheit, Freude und Lust am Lernen und am Miteinander zum Schuleintritt stark im Fokus des Interesses, so ändern sich die Vorstellungen spätestens mit dem Übertritt. Plötzlich verengt sich der Blick, alles dreht sich um akademische Leistungen – der Ernst des Lebens muss ja irgendwann beginnen, so die Überzeugung. In den disparaten Vorstellungen tritt eine scheinbar immer noch in den Köpfen geisternde Unvereinbarkeit von Wohlbefinden und Leistung in der Schule zutage. Akademische Leistungen werden mit Mühen und Freudlosigkeit, mit auf sich allein gestellt sein konnotiert. Dies schließt ein sich Wohlfühlen, sich freudvoll miteinander Herausforderungen Stellen, aneinander und an der Sache Wachsen nahezu automatisch aus.

Die Vorstellung einer Polarisierung von Wohlbefinden und Leistung ist wissenschaftlich allerdings nicht haltbar. Langjährige Forschung zum Thema Wohlbefinden zeigt vielmehr, dass beides untrennbar miteinander verbunden ist. Schon Ende der 1960er wird Wohlbefinden als „concept of positive functioning", als Konzept einer psychischen Leistungsfähigkeit beschrieben und eng in Verbindung mit „feeling good", mit sich Wohlfühlen, gebracht (Bradburn, 1969). Carol Ryff greift dies neben anderen Expertinnen und Experten auf und entwickelt es in ihrem Modell des psychologischen Wohlbefindens weiter (Abb. 2.1), das sechs Bausteine umfasst, die über 20 Jahre immer wieder empirisch validiert werden konnten (Ryff, 2014). Sie finden sich im Wesentlichen auch in Seligmans PERMA-Modell für Wohlbefinden wieder, das die Grundlage für die ersten Ansätze einer Positiven Bildung darstellt und in Kap. 2.2 eingehender erläutert wird

Gemeinsam mit der Geelong Grammar School in Australien widmeten sich Martin Seligman und sein Team der Frage, wie Positive Psychologie an Schulen unterrichtet und somit Positive Bildung gelebt werden kann. Die in Pilotierungen gewonnenen Erkenntnisse wurden schließlich in ein Schulkonzept gegossen (Abb. 2.2). Es stellt Wohlbefinden mit PERMA in den Mittelpunkt und richtet Schulleben und Unterricht im Kern darauf aus, gelingendes Leben, Zufriedenheit und Wohlbefinden auf Kollegiumsebene zu lernen, den Schülerinnen und Schülern zu lehren, in Unterricht und Schulleben einzubetten sowie in der Schulfamilie zu leben (Norrish, 2015; Seligman et al., 2009). Im Kern geht es um eine Orientierung an Seligmans fünf Faktoren für Wohlbefinden – ergänzt um Positive

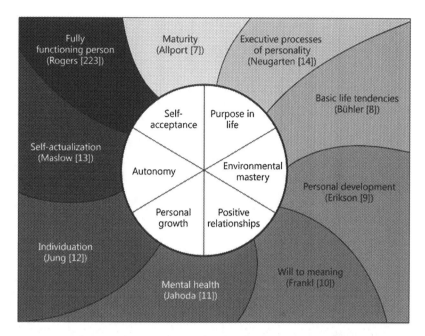

Abb. 2.1 Dimensionen von Wohlbefinden und dessen theoretische Grundlage nach Ryff

Gesundheit. Die Erhöhung von Positiven Emotionen, Engagement, Beziehungen, Sinn und Zielerreichung wird insbesondere getragen von der Arbeit an und mit den Charakterstärken von Lehrkräften und Schülerschaft. Ihr Einsatz beflügelt und befördert das Aufblühen aller, eröffnet gelingendes Leben (Niemic, 2019). Die Erkenntnisse zum Zusammenhang von Wohlbefinden und Leistung, die Konzepte der Positiven Organisationsentwicklung sowie der Ansatz der Positiven Bildung als Ableger der Positiven Psychologie überzeugten und inspirierten mein Team und mich dazu, auch die Innovationsprozesse an Schulen neu zu denken und Schulentwicklung an der Positiven Psychologie zu orientieren. Schulentwicklung wird dazu nicht länger eindimensional auf akademische Leistungen insbesondere in Deutsch und Mathematik, sondern auf Wohlbefinden ausgerichtet und Leistung darin zu verorten. Dabei wird Wohlbefinden nicht gleichgesetzt mit Wohlfühlen, wenngleich positive Emotionen eine entscheidende Rolle spielen. Wohlbefinden wird vielmehr verstanden als psychologisches Konstrukt, das sich

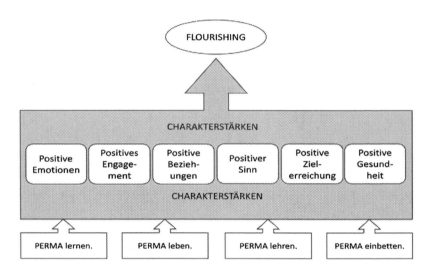

Abb. 2.2 Konzept der Positiven Bildung an der Geelong Grammar School

aus verschiedenen Elementen zusammensetzt. Wie überall im Wissenschaftskontext existiert – wie oben bereits ein Stück weit zu erkennen ist – zum Thema Wohlbefinden ein breiter Diskurs verbunden mit verschiedenen Modellen für Wohlbefinden, die sich in Teilen durchaus überschneiden. Oft zitiert werden in diesem Zusammenhang Ed Diener mit seinem Konstrukt des sogenannten subjektiven Wohlbefindes, Carol Ryff mit dem etwas umfassenderen, oben dargelegten psychologischen Wohlbefinden sowie Martin Seligmans PERMA-Modell (Diener, 1984; Ryff, 1989, Seligman, 2015). Die Positive Schulentwicklung mit Flourishing SE stützt sich vorrangig auf Seligmans PERMA-Modell, da auf dieser Grundlage die am weitesten entwickelten und empirisch validierten Konzepte für Positive Bildung in der Schule existieren und so einen forschungsbasierten Transfer in die Schulentwicklung am besten möglich machen.

> Wohlbefinden wird zur Zielkategorie von Schulentwicklung, zum übergreifend angestrebten Outcome.

Wohlbefinden ist allerdings mehr als nur Zielkategorie von Flourishing SE. PERMA fördert nicht nur das Lernen und Leisten der Kinder und Jugendlichen. Auf Ebene des Lehrerkollegiums ist die Arbeit mit PERMA ebenso bedeutsam, da auch Erwachsene

- durch positive Emotionen leistungsfähiger sind und Lehrkräfte mit positiven Emotionen Schulalltag und Schulentwicklung besser mittragen und mitgestalten können,
- sich dann mehr engagieren, wenn sie ihre Stärken einsetzen können, und Lehrkräfte daher am besten ihre Schule an ihren Charakterstärken entlang entwickeln können,
- tragfähige Arbeitsbeziehungen für gelingende Projekte und Prozesse benötigen und Lehrkräfte daher in der Schule und der Schulentwicklung gezielt und sinnvoll geplant zusammenarbeiten können,
- Sinn in ihnen übertragenen Aufgaben sehen sollten und Lehrkräfte daher ihre Schule und deren Entwicklung mit Sinn füllen können,
- Zielerreichung als wesentliche Voraussetzung für Erfolg brauchen und Lehrkräfte für ihre Schule Ziele formulieren und Prozesse aufsetzen können.

2.2 Das Konstrukt PERMA – fünf Faktoren für Wohlbefinden

Für die Interventionspakete der Positiven Schulentwicklung, die alle mit PERMA beginnen, stand Seligmans Akronym für Wohlbefinden Pate. Um erkennen zu können, welche Faktoren in den einzelnen Phasen der Intervention wie in den Fokus genommen und verstärkt werden, werden Positive Emotionen, Engagement, Relations (positive Beziehungen), Meaning (Sinn) und Accomplishment (Selbstwirksamkeit) zunächst ausführlicher vorgestellt. In den einzelnen Schritten des Interventionspaketes PERMA^{change} wird darauf Bezug genommen und dargestellt, wie die einzelnen Faktoren Berücksichtigung in der praktischen Arbeit der positiven Schulentwicklung finden.

2.2.1 P wie Positive Emotionen

„Das erste Element in der Theorie des Wohlbefindens ist positives Gefühl (das angenehme Leben)." (Seligman, 2015)

Seit jeher spielen negative Emotionen für das Überleben von Menschen eine zentrale Rolle. So liefen Menschen in der Regel schnell weg, wenn sie bemerkten, dass ein Säbelzahntiger hinter einem Busch lauerte.

Der sogenannte Negativity Bias oder auch Negativitätseffekt sorgt dafür, dass wir Gefahren schnell wahrnehmen und auf Grundlage der damit verbundenen negativen Emotionen wie Angst oder Abscheu in einem sehr engen Denk- und Handlungsrepertoire unsere Flucht- oder Verteidigungsmechanismen aktivieren (Rozin & Royzman, 2001). Dies brauchen wir auch heute noch, um Gefahrensituationen zu erkennen und schnell zu reagieren. Zudem zeichnet er sich allerdings auch verantwortlich dafür, dass wir tendenziell Negatives und Schlechtes eher wahrnehmen als Positives. Da die Emotionsforscherin Fredrickson allerdings nachweisen konnte, wie wichtig positive Emotionen – repräsentiert durch das P in PERMA – für Lernen und Leisten sind, sind wir heute gefordert, einen Positivity Bias zu trainieren bzw. einen Positivitätseffekt zu erzeugen, d.h. verstärkt auf das Positive zu achten. Denn positive Emotionen eröffnen die Möglichkeit Neues zu lernen, kreativ Probleme zu lösen und solide Beziehungen zu knüpfen. Fredricksons Broaden-and-Build-Theorie zeigt, dass wir durch die Kultivierung positiver Emotionen wie Freude, Heiterkeit, Interesse, Inspiration, Zufriedenheit, Dankbarkeit, Ehrfurcht, Hoffnung und Stolz im Denken offener werden. Unsere Wahrnehmung und unser Bewusstsein weiten sich (Broaden). Wir sind in der Lage, mehr Eindrücke aufzunehmen und zu verarbeiten, dies lässt uns neue Verknüpfungen herstellen, kreative Lösungen entwickeln. In der Folge bauen wir physische, psychische und soziale Ressourcen auf (Build). Wir werden körperlich widerstandsfähiger und nicht so schnell krank, das Herz-Kreislauf-System verbessert sich. Unsere Resilienz erhöht sich, sodass wir optimistischer sind und uns nach Niederschlägen schneller erholen können. Sozial gesehen erscheinen wir durch unsere Positivität anderen sympathischer, was Beziehungen fördert bzw. neue Verbindungen leichter entstehen lässt. Die Wahrscheinlichkeit neuer positiver Erfahrungen erhöht sich, sodass eine Aufwärtsspirale der Transformation entsteht, in der wir mehr positive Emotionen entwickeln und persönlich wachsen (B. Fredrickson, 2003). Um die Herausforderungen in unserer heutigen Welt mit ihren komplexen Themenstellungen meistern zu können, brauchen wir dieses persönliche Wachstum, die über Broaden-and-Build entstehende Kreativität im Denken.

Da Emotionen sowohl eine affektive als auch eine kognitive Komponente besitzen, können wir über positive Emotionen unser Wohlbefinden steuern. Die affektive Komponente beschreibt die Emotion in einem bestimmten Moment. Die damit verbundene kognitive Komponente stellt eine Bewertung der positiven Gefühlsmomente dar im Hinblick auf Bewusstheit, Häufigkeit und Intensität. Erkennen wir unsere Emotion, so können wir bewusst eingreifen, bewusst positive Emotionen erzeugen oder verstärken. Positive Emotionen haben die Kraft, negative Emotionen zu dämpfen. Fredrickson empfiehlt deshalb auf Grundlage ihrer Forschung zum Undoing-Effekt, sich etwas Gutes zu tun, wenn etwas Negatives sich ereignet hat und sich erst danach mit der Lösung des Problems oder der

Bewältigung der Herausforderung zu beschäftigen. Denn wie die Broaden-and-Build-Theorie gezeigt hat, werden wir durch positive Emotionen weit im Denken und können so kreativer und schneller Lösungen entwickeln (Fredrickson et al., 2000).
Für die Positive Schulentwicklung sind positive Emotionen zentral. Ist Schulentwicklung mit positiven Emotionen bei den handelnden Lehrkräften und der Schulleitung verbunden, so können Innovationsprozesse kraftvoll kreativ gestaltet werden. In den einzelnen Prozess-Schritten von POSE geht es daher immer wieder darum, passende Emotionen zu wecken und die Gemeinschaft aus Lehrkräften und Schulleitung dazu zu befähigen, sich gegenseitig positiv emotional anzustecken. Um einen guten Einstieg in die Positive Schulentwicklung gestalten zu können, gilt es eine Atmosphäre von Positivität zu erzeugen, auch als Begleitender von außen sich seiner Wirkung bewusst zu sein und Schulleitung und Lehrerkollegium mit Zuversicht positiv anzustecken (Rozin & Rozman, 2001). Während zu Prozessbeginn Emotionen der Freude über Stärken oder der Dankbarkeit bezüglich Erreichtem im Vordergrund stehen, so geht es beispielsweise in der Visionsarbeit vornehmlich um Hoffnung und Zuversicht, am Ende des Prozesses um Stolz und Freude über erreichten Erfolg.

2.2.2 E wie Engagement

Der Faktor Engagement beschreibt den Zustand, der eintritt, wenn ein Mensch in einer Aufgabe vollkommen absorbiert ist (Seligman, 2015).

Seligmans Beschreibung erinnert an Montessoris Polarisation der Aufmerksamkeit, die von der Versunkenheit des Kindes in der Arbeit gekennzeichnet ist und damit eine Nähe zu Cszikzentmihalys Flow aufweist. E wie Engagement ist eng mit Flow-Erleben verbunden. Damit Flow-Erleben zustande kommen kann, braucht es eine optimale Passung von Person und Aufgabe. Entspricht das Herausforderungsniveau den Fähigkeiten der Person, so kann ein Zustand des Burn-Ins entstehen. Die intrinsische Motivation ist hoch. Die Person erlebt im Flow-Kanal positive Emotionen und Selbstvergessenheit. Ist die Aufgabe zu herausfordernd für die Person, so erzeugt dies Überforderung, die mit Beunruhigung oder Angst einhergeht, Stress verursacht. Folge kann ein Black-Out sein, der bei anhaltender Überforderung zu Burn-Out führen kann. Besteht Unterforderung, weil sich eine Aufgabe zu anspruchslos in Bezug auf das Fähigkeitsniveau erweist, entstehen Langeweile und Monotonie, sogenanntes Bore-Out (Nakamura & Csikszentmihalyi, 2009) (Abb. 2.3).

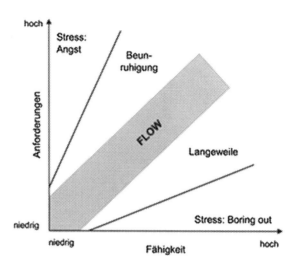

Abb. 2.3 Flow-Kanal nach Csikszentmihaly

Befindet sich eine Person im Flow-Kanal, so sind die damit verbundene Selbst- und Zeitvergessenheit und das Aufgehen in der Aufgabe durch das typische Gefühl des Verschmelzens mit der Aufgabe, der tiefen Konzentration auf die Tätigkeit, eine eingeschränkte Wahrnehmung der Umgebung sowie der Primärbedürfnisse wie Hunger oder Durst, durch Selbstwirksamkeitsempfinden und Glücksgefühle gekennzeichnet. Menschen, die regelmäßig Flow erleben, schöpfen aus ihren Stärken, weshalb die Förderung von Engagement idealerweise von einer Stärkenorientierung ausgeht.

Für die Positive Schulentwicklung bedeutet dies, auf die Stärken und Potenziale der Schule – zunächst der Schulleitung und des Lehrerkollegiums – zu achten, diese sichtbar zu machen und darauf aufzubauen, ohne dabei Herausforderungen oder Schwächen auszublenden. Wesentlich ist beim Aufsetzen des Prozesses, dass die Lehrkräfte ihre Stärken kennen und einbringen können und dass die jeweiligen individuellen und gemeinsamen Aufgaben im Flow-Kanal liegen, sodass keine Über- oder Unterforderung entstehen kann.

2.2.3 R wie Relations – Positive Beziehungen

„Nur sehr wenig von dem, was positiv ist, ist einsam." (Seligman, 2015)
Der Mensch ist – das konstatierten schon die alten Griechen – ein Zoon Politikon (Aristot. Politika III,6.). Damit wird die Wesensbestimmung des Menschen zentral definiert durch Sozialität, eine Ausrichtung auf Gemeinschaft, auf Mit- und Füreinander. Im Kontext von Wohlbefinden geht es deshalb auch darum, gute Beziehungen zu unseren Mitmenschen zu gestalten. Dafür steht das R in PERMA – Relations. Der Paartherapeut und Psychologieprofessor John Gottman entwickelte auf Basis seiner langjährigen Arbeit mit Paaren das Sound Relationship House – ein Modell für gesunde Beziehungen aller Art, das sich auch in der Positiven Schulentwicklung berücksichtigen lässt (Gottman et al., 2002) (Abb. 2.4). Zur gelingenden Beziehungsgestaltung nennt er sieben Handlungsanweisungen als Prinzipien flankiert von Vertrauen und Hingabe:

1. die Welt der anderen immer wieder neu kennenlernen und internalisierte Bewertungen von anderen regelmäßig hinterfragen (Build Love Maps)
2. Gutes miteinander teilen und aktiv-konstruktiv darauf reagieren (Share Foundations and Admiration)
3. sich zuwenden und in echtem Kontakt sein, in der Begegnung präsent sein (Turn Towards Instead of Away)
4. anderen gegenüber eine zugewandte Haltung einnehmen und vorauslaufend davon ausgehen, dass jeder andere eine gute Absicht verfolgt (The Positive Perspective)
5. Konflikte als Irritationen erachten und miteinander klären (Manage Conflikt)
6. Visionen und Träume entwickeln und wahr werden lassen (Make Life Dreams Come True)
7. gemeinsam Sinn finden (Create Shared Meaning).

Für die Positive Schulentwicklung gilt zunächst die Grundlage für ein gutes Miteinander zwischen Schulentwicklungsbegleitung und Lehrerschaft zu schaffen. Dies geschieht anhand dreier Prinzipien, dem von Augenhöhe, Ownership und Empowerment. Mit dem Prinzip der Augenhöhe wird deutlich gemacht, dass im Entwicklungsprozess verschiedene Personen in unterschiedlichen Rollen mitwirken, sich einander zuwenden und bereit sind, in echtem Kontakt zu sein und in der Begegnung Präsenz zu zeigen (Turn Towards). Alle Beteiligten bringen spezifische Expertise mit, die zusammengenommen sich potenzieren kann, d. h. es wird von jedem den anderen gegenüber eine zugewandte Haltung eingenommen

Abb. 2.4 Das Modell der gesunden Beziehungen nach Gottman

und davon ausgegangen, dass jeder eine gute Absicht verfolgt (the Positive Perspective). So haben Schulentwicklungsbegleitende in der Regel Kompetenzen im Kontext von Schulentwicklung und Prozessmanagement, während das Lehrerkollegium Expertise in Bezug auf ihre Schule mitbringt. Dem Miteinander kann ein positiver, systematischer und für die Schule sinnvoller Schulentwicklungsprozess erwachsen – mit gemeinsamem Sinn und gemeinsamem Ziel (Shared Meaning). Das Prinzip der Ownership betont die Verantwortlichkeit für die Schulentwicklung. Ownership haben immer die Menschen der Einzelschule, also zunächst die Schulleitung und das Lehrerkollegium, nur sie können die Verantwortung dafür tragen. Das Prinzip des Empowerments bringt die Kooperation auf Zeit zwischen Schulentwicklungsbegleitung und Schule zum Ausdruck. Sie ist darauf ausgelegt, die Schule selbst zu befähigen, auch die Prozessgestaltung ihrer Schulentwicklung zu übernehmen. Der erste Prozessverlauf wird allerdings gemeinsam absolviert, um die Schritte zu festigen und auch die beschriebene Haltung in den einzelnen Schritten sichtbar und erlebbar werden zu lassen. Schließlich geht es im Prozess darum, die (Gedanken-)Welten der anderen immer wieder neu kennenzulernen und internalisierte Bewertungen zu hinterfragen. Building Love Maps sollte zu einer Kultur der Schulentwicklung werden.

In der praktischen Arbeit mit der Einzelschule gibt es nicht selten Lehrkräfte, die im Prozess nicht mitgehen wollen oder können und lauten Widerstand (auch aktiven oder offenen genannt) oder leisen Widerstand (auch passiven oder verdeckten genannt) zeigen. Während der aktive Widerstand durch lautstarke Äußerungen in der Regel schnell deutlich wird und einer Klärung bedarf, ist der passive Widerstand oder die innere Emigration schwieriger erkennbar. Sie scheinen – wenn überhaupt – in der Regel erst in späteren Phasen des Prozesses auf und zeigen sich gerne in Passivität bei der Durchführung von Maßnahmen oder Nichteinhaltung von vereinbarten Zielsetzungen. Widerstände sind oft Ergebnis von Verunsicherung und Angst, was – wie im Negativity Bias dargestellt – Fluchttendenzen oder Vermeidung auslösen kann. Dem in passender Form auf den Grund zu gehen und zunächst am Beziehungsaufbau zu arbeiten, ist für einen gelingenden Prozess von Bedeutung (Manage Conflict). Derartige Konflikte werden als Irritation wahrgenommen und so miteinander geklärt, dass die Grundlage einer arbeitsfähigen Zusammenarbeit existiert.

Positive Schulentwicklung lebt zudem von emotionaler Ansteckung (Lichtinger & Rigger, 2022). Nur wenn Schulleitung und Schulentwicklungsbegleitungen für Schulentwicklung brennen und vom Gelingen überzeugt sind, dann besteht die Chance das Kollegium mit in den Prozess zu nehmen und eine tragfähige, längerfristig angelegte Entwicklung zu initiieren.

2.2.4 M wie Meaning – Sinn

„Ich behalte Sinn (zu etwas gehören und etwas dienen, das wir als größer als unser
Ich einschätzen" als das dritte Element des Wohlbefindens." (Seligman, 2015)

Das M in PERMA steht für Meaning, Sinn. Dieser Faktor greift den im Sound
Relationship House noch fehlenden Punkt auf, Visionen und Träume zu entwickeln und wahr werden zu lassen (Make Life Dreams Come True). Schon Maslow
verweist in seiner Bedürfnispyramide darauf, dass wir Menschen – sind unsere
Grundbedürfnisse gestillt – nach Selbstverwirklichung streben, ein Ziel, das in
Ryffs psychologischem Wohlbefinden mit Personal Growth (Ryff, 2014) beschrieben wird. Wir haben ergo den Wunsch, unsere Visionen und Träume umzusetzen,
unserem Leben Bedeutung zu verleihen und so ein Gefühl von Wertigkeit zu
erlangen. Die Sinnforscherin Schnell geht der Frage nach den Lebensbedeutun-
gen von Menschen nach und unterscheidet aus einer empirischen Analyse heraus
fünf Bereiche von Sinnfindung oder -stiftung (Schnell, 2016):

1. Selbstverwirklichung
2. Wir- und Wohlgefühl
3. Ordnung
4. Vertikale Selbsttranszendenz
5. Horizontale Selbsttranszendenz

Im Prinzip sind alle Sinnebenen im Menschen angelegt, sie weisen individu-
ell unterschiedliche Ausprägungen auf. Wird Sinn aus möglichst vielen oder
gar allen Bereichen geschöpft, so wird das Leben als umso sinnvoller erlebt.
Menschen verfolgen den Ich-Sinn, wenn sie sich für eine Sache engagieren,
die sie als wichtig erachten und in die sie ihre Stärken einbringen können. Ist
ihre Kreativität gefordert, können sie an Aufgaben arbeiten, die ihrem Flow-
Kanal entsprechend herausfordernd sind, spüren sie Autonomien. Dies kann zu
Selbstverwirklichung und Lebenszufriedenheit beitragen. Um Sinnstiftung in der
Selbstverwirklichung zu erreichen, ist es unter anderem hilfreich, sich Ziele
bewusst zu machen, sie zu formulieren und an deren Umsetzung zu arbeiten,
sich auf Herausforderungen einzulassen und sich weiterzuentwickeln.

Wir handeln im Wir- und Wohlgefühl, wenn wir in Selbst- und Nächstenliebe
handeln. Selbstliebe umfasst Elemente des bewussten Genießens (Savouring)
durch achtsame Auszeiten, rituelle Gestaltungselemente für den Morgen oder
den Abend oder Zeiten für Wellness. Im Kontext von Nächstenliebe, einem
etwas antiquiert klingenden Begriff, geht es um altruistisches Handeln, darum,
anderen zu helfen oder etwas für andere etwas zu tun. Forschung dazu zeigt,

dass kleine Freundlichkeiten – sogenannte random acts of kindness – merfaach für Wohlgefühl sorgen: bei der Person, der diese Freundlichkeit widerfährt und ebenso bei derjenigen, die diese kleine Geste ausführt. Jemandem in der Schlange hinter uns am Imbiss-Stand einen Kaffee zu bezahlen oder einem Kollegen in einer Freistunde Unterrichtsmaterial zu kopieren, können solche kleine Gesten sein. Sie befördern Verbundenheit, harmonischen Umgang mit anderen, spenden Energie erzeugengemeinsam Lachen. All dies lässt sich dem Wirgefühl und Fürsorge-Sinn zuordnen und ist für die positive Schulentwicklung wesentlich. Gute und produktive Arbeit hängt maßgeblich vom möglichen Miteinander der Menschen ab. Daher ist von Beginn an die Sinndimension des Wir- und Wohlgefühls mitzuberücksichtigen.

Der Sinn für Tradition und Ordnung fordert uns auf, Bewährtes beizubehalten und immer wieder zu zelebrieren, uns an Werten zu orientieren, uns für Entscheidungen Zeit zu nehmen und sorgsam abzuwägen. Dies ist auch für die positive Schulentwicklung insofern von Bedeutung, als dass in Innovationsprozessen Neues und Bewährtes sorgsam ausgelotet werden muss, damit sicherheitsstiftende Elemente nicht vorschnell über Board geworfen werden.

Während vertikale Selbsttranstendenz meint die Einbindung des eigenen Lebens in einen größeren Zusammenhang. Sie kann gekoppelt an religiöse Orientierungen sein, muss es aber nicht. Zentral ist ein sich eingebettet Fühlen in ein großes Ganzes, das weit über die Person, die (Schul-)Gemeinschaft, die Gesellschaft hinausgeht und die Bedeutung der individuellen Arbeit in diesem Zusammenhang bewusst zu machen. Horizontale Selbsttranszendenz nimmt soziales Engagement, Naturverbundenheit und Generativität in den Fokus. Dies kann bedeuten die Ziele der Schulentwicklung an der Einzelschule auch aus der Perspektive des Beitrages zu sozialem Engagement, Ökologie, Generativität zu betrachten. Beides zusammengenommen lässt sich mit Seligmans Sinn, etwas Höherem zu dienen und an etwas mitzuwirken, das größer ist als wir selbst (Seligman, 2015), gleichsetzen.

In der Positiven Bildung wird analog zu Ryffs Dimension Purpose in Life Sinn als Purpose bezeichnet. Ihm wird dadurch eine zukunftsweise Orientierung im Sinne von Absicht oder Ziel verliehen. Es geht hierbei in erster Linie darum, sich an größeren Zielen oder Visionen auszurichten und erfolgreich alt zu werden (Blickhan, 2018), also Selbstakzeptanz und Selbstaktualisierung zu leben.

Sinnstiftung in der Schulentwicklung hat in erster Linie mit der Intention zu tun, die hinter dem Prozess steht. Wer möchte was mit der Schulentwicklung erreichen und vor allem warum? Damit der Prozess ein gemeinsam getragener werden kann, ist es notwendig, dass die Schulentwicklung nicht als Resultat von Visionen oder Träumen einer oder weniger Personen entsteht. Der Start in gelingende Schulentwicklungsprozesse muss für alle Sinn machen und daher von gemeinsamen Visionen oder Träumen von einer besseren Schule ausgehen. Wenn es dann gelingt, diese Träume und Wünsche in machbare Zielvorstellungen herunterzubrechen und über einen strukturierten Prozess diese Ziele zu erreichen, bietet dies eine solide Basis für einen funktionierenden Schulentwicklungsprozess. Gelingt es darüber hinaus, in den einzelnen Phasen die verschiedenen Bereiche von Sinnfindung oder Sinnstiftung zu adressieren, so kann sich eine nachhaltige Entwicklung etablieren.

2.2.5 A wie Accomplishment – Zielerreichung

> „[Die] Theorie des Wohlbefindens [braucht] ein viertes Element: Zielerreichung als
> vorübergehende Erscheinungsform und in der umfassenderen Erscheinungsform das
> ‚erfolgreiche Leben', ein Leben, das dem Erfolg um des Erfolgs willen gewidmet ist."
> (Seligman, 2015, S. 38)

Das A in PERMA steht für Accomplishment, manchmal auch mit Achievement belegt. Beides steht für Zielerreichung, Vollendung, Erfolg. Sich Ziele zu setzen und diese zu erreichen, führt zu Erfolg und Erfolg zu haben, macht uns stolz und gibt uns das Gefühl, wirksam zu sein. Wenn wir uns Ziele setzen und diese Ziele erreichen, so entsteht Erfolg. Und Erfolg lässt uns spüren, dass wir etwas bewirken können. Unser Streben nach Kompetenz, nach sozialer Eingebundenheit und autonomen Gestaltungsmöglichkeiten kulminiert in solchen Erfolgserfahrungen und lässt uns Menschen Selbstwirksamkeit spüren (Ryan & Deci, 2018). Die Forschungen von Sonja Lyubomirsky konnten zeigen, dass wir Menschen Zufriedenheit entwickeln, wenn wir ein klares Ziel vor Augen haben und uns überlegen, wie wir es am besten erreichen können (Sheldon & Lyubomirsky 2019). Daher ist es wichtig, dass wir uns Ziele setzen und geeignete Wege definieren, um diese zu erreichen. Anstrengung nehmen wir dann gerne in Kauf, weil wir bei selbst gesteckten Ziele von deren potentieller Erreichbarkeit ausgehen und bereit sind, Mühen zu investieren. Lyubomirskys Forschung bestätigt, dass Ziele, die nur mit entsprechender Anstrengung erreicht werden können, einen höheren Wert für uns haben.

Für die Positive Schulentwicklung spielen insbesondere aufgrund von Lyubomirskys Forschungsergebnissen Zielsetzung und Zielerreichung eine bedeutsame Rolle. Wesentlich ist dabei die Qualität der Ziele. Da Ziele, die das Einbringen persönlicher Kompetenz sowie Ziele mit generativem Charakter nachweislich Wohlbefinden, Vitalität und Selbstaktualisierung besonders befördern (Emmons, 2003), wird in der Positiven Schulentwicklung mit einer Zielhierarchie mit Zielen

Abb. 2.5 Zielarchitektur
POSE

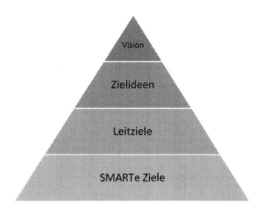

gearbeitet, die sowohl das Aufblühen der Einrichtung als auch der Menschen im System befördern (Abb. 2.5). Ziele für eine Positive Schulentwicklung ergeben sich aus den Visionen der Akteure, also deren Vorstellungen, die in mehreren Schritten in kleine handhabbare, pragmatische SMARTe Ziele heruntergebrochen werden. Wesentlich ist für jede Zielebene, dass sie mit den gemeinsamen Vorstellungen, Wünschen und Träumen einer (noch) besseren Schule des Lehrerkollegiums verbunden sind und so potentielle Anstrengungserfordernisse denkbar machen. Ihr prospektiver Charakter ermöglicht die Antizipation des Zukünftigen und Positiven, die Ziele werden dadurch zu Annäherungszielen, Zielen, die darauf ausgerichtet sind, die Zukunft ins Jetzt zu holen (Seligman et al., 2016). Annäherungsziele ermöglichen die Aktivierung des Annäherungsmodus im Gehirn. D.h. es wird auf dem Weg zur Zielerreichung immer wieder ein gedanklicher Abgleich zwischen Ist- und Wunsch-Zustand gemacht. Ein Conformity Bias entsteht, der Hinweise auf die Zielerreichung in Situationen leichter erkennen lässt (Blickhan, 2018).

Cameron empfiehlt, Entwicklungen an Everest Zielen auszurichten. Diese dienen einer positiven Devianz, also einer besseren Zukunft. Sie orientieren sich an den Stärken der Menschen in der Organisation und sind auf Weisheit, Erfüllung oder andere Werte der Energetisierung ausgerichtet. Zudem stellen sie einen Beitrag zu etwas Größerem darn (Cameron, 2013).

Visionen im Positiven Schulentwicklungsprozess lassen sich mit Everest Zielen in Verbindung bringen, die Zielideen fassen sie als Halbsatz und finden schließlich Leitzielen ihre Verbindung oder Verortung. Die drei Ebenen dienen dazu, die Bilder und Geschichten aus den Visionen in Zielsprache zu bringen. Während Zielideen als zentrale Mottos oder Gedanken den Visionen an die

Seite gestellt werden, bringen Leitziele verschiedene Teile zu einem umfassenderen Ganzen zusammen, das über SMARTe Ziele schließlich in Teilprozessen bearbeitet werden kann. Leitziele sind geprägt von Generativität, ihre Realisierung repräsentiert etwas, das größer und kraftvoller ist als Leistungen einzelner. Die Stärken der Einzelpersonen werden vielmehr zu Kompetenzclustern verdichtet und potenzieren so die Effekte der Entwicklungen. SMARTe Ziele dienen schließlich auch dazu, über das Kriterium der Messbarkeit die Zielerreichung überprüfbar zu machen und Erfolge zu feiern (Watzka, 2016).

2.3 Stärkenorientierung

Eine Orientierung an den Stärken und Potenzialen von Menschen ist eine, wenn nicht die tragende Säule der Positiven Psychologie und der Positiven Bildung. Sowohl in individuellen als auch in organisationalen Entwicklungsprozessen ist daher zentral, den Fokus auf Potenziale zu legen, individuelle Charakterstärken zu erkennen und zu fördern, ohne dabei Schwächen zur Gänze auszublenden.

Seligman und sein Kollege Peterson machten es sich zu Beginn der Positiven Psychologie zur Aufgabe, herauszufinden, was das Beste in Menschen ausmacht. Das Bemühen um eine universell gültige Nomenklatur führte zu 24 kulturübergreifend gültigen Charakterstärken, die mit „Values in Action", Werten in Aktion, bezeichnet werden und sechs Tugendbereichen zugeordnet sind (Peterson & Seligman, 2004): Weisheit und Wissen, Mut, Menschlichkeit, Transzendenz, Mäßigung und Gerechtigkeit (Tab. 2.1).

Die Tugenden werden verstanden als Typologien bzw. Charakteristiken, die über alle Kulturen, Nationen und Glaubenssysteme hinweg zu finden sind und durchgängig positiv bewertet werden. Charakterstärken zeigen Möglichkeiten auf, diese Tugenden zu leben, d. h. die Tugenden in unseren Lebenskontexten situativ einzubringen und so an ihnen zu wachsen. Drei Brechungswinkel zeichnen Charakterstärken insbesondere aus:

1) Sie spiegeln menschliche Identität wider.
2) Sie erzeugen positive Effekte bei uns und anderen.
3) Sie tragen zum gemeinsamen Wohl bei (Niemiec, 2019).

Wenngleich Charakterstärken zunächst auf individuelles Wachstum von Einzelpersonen ausgerichtet waren, gab es doch schon früh Forschung zur Frage nach ihrer Bedeutung bei der Zusammenarbeit in Teams. Dabei wurde zunächst die moralische Dimension eines guten Teamplayers, der sich als loyal und

Tab. 2.1 Tugendbereiche und Charakterstärken (Niemiec, 2019)

TUGEND	CHARAKTERSTÄRKE	KENNZEICHEN
WEISHEIT UND WISSEN	Kreativität	hat immer und schnell gute Ideen, kann laut denken
	Neugier	nimmt genau wahr, stellt gute Fragen
	Urteilsvermögen	bringt verschiedene Perspektiven ein
	Liebe zum Lernen	liest und lernt gerne, bildet sich stets weiter
	Weisheit	hilft bei Problemen mit gutem Rat
MUT	Tapferkeit	hinterfragt, sagt mutig, was gesagt werden muss
	Ausdauer	bringt Projekte erfolgreich zu Ende
	Authentizität	zeigt ehrlich seine Schwächen, bleibt sich treu
	Enthusiasmus	ist gern in Bewegung – körperlich und geistig
MENSCHLICH-KEIT	Bindungsfähigkeit	ist empathisch und gerne in Kontakt
	Freundlichkeit	überrascht gerne mit kleinen Aufmerksamkeiten
	Soziale Intelligenz	zeigt Mitgefühl und bemüht sich um andere
GERECHTIGKEIT	Teamwork	arbeitet gerne mit anderen und achtet auf alle
	Fairness	bezieht alle ein, schlichtet gerne bei Streit
	Führungsvermögen	organisiert gerne und ist visionär
MÄSSIGUNG	Vergebungsbereitschaft	gibt jedem eine zweite Chance
	Bescheidenheit	betont Leistung anderer, hört lieber zu als zu reden

(Fortsetzung)

Tab. 2.1 (Fortsetzung)

TUGEND	CHARAKTERSTÄRKE	KENNZEICHEN
	Vorsicht	kommt pünktlich, sichert Daten
	Selbstregulation	isst gesund, bewegt sich gerne
TRANSZENDENZ	Sinn für das Schöne	umgibt sich mit Kunst, geht gern ins Theater
	Dankbarkeit	sagt danke oder hinterlässt Danke-Zettelchen
	Hoffnung	spricht gerne über eine positive Zukunft
	Humor	bringt andere zum Lachen
	Spiritualität	mag Besinnung, Meditation, Einkehr

verlässlich erweist, innerhalb der Charakterstärken verortet (Peterson & Seligman, 2004) und konstatiert, dass gut funktionierende Zusammenarbeit in erster Linie auf die Charakterstärken Teamwork, Enthusiasmus, Führungsvermögen und Hoffnung rekurriert. Darüber hinaus unterstützen bestimmte Rollen im Team zusätzlich spezifische Charakterstärken im Sinne sogenannter Schlüsselstärken. Ausgehend von den Teamrollen nach Belbin (Belbin, 1981) wurden durch das VIA-Stärkeninstitut sieben positive Teamrollen definiert und in ihren jeweiligen Spezifika beschrieben. Sie sollten dazu dienen, sowohl individuelle Arbeitszufriedenheit zu unterstützen als auch Team-Produktivität zu befördern. Über eine Studie wurde zudem der Versuch unternommen, den positiven Teamrollen besonders relevante Schlüsselstärken zuzuordnen (Ruch et al., 2018) und so eine Handreichung für die Komposition von Teams zu geben:

- Ideengeber (Idea creator): Kreativität, Neugier, Mut und Dankbarkeit
- Informationsbeschaffer (information gatherer): Ausdauer, Bescheidenheit, Weisheit und Selbstregulation
- Entscheider (decision maker): Mut, Verausgabungsbereitschaft, Authentizität
- Implementationsmanager (implementation manager): Verausgabungsbereitschaft, Authentizität und Selbstregulation
- Influencer: Mut, soziale Intelligenz, Verausgabungsbereitschaft
- Energiespender (energizer): Dankbarkeit, Liebe, Freundlichkeit, soziale Intelligenz und Verausgabungsbereitschaft, (Humor, Spiritualität)

- Beziehungsmanager (relationships manager): soziale Intelligenz, Fairness und Freundlichkeit

Die Positive Schulentwicklung mit der Zielperspektive Wohlbefinden hat ein Interesse daran, dass Menschen ihre Stärken kennen und diese einbringen können. Sie zielt darauf, dass Lehrkräfte in Arbeitsgruppen in den beschriebenen, klaren Rollen zusammenarbeiten und zwar so, dass sie zu ihren Charakterstärken passen. Dadurch erhöht sich die Chance, die persönliche Arbeitszufriedenheit der einzelnen Gruppenmitglieder sowie die Effektivität in den Gruppen höchstmöglich zu halten. Darüber hinaus zielt POSE an, im Kollegium die grundlegenden Charakterstärken für gelingende Zusammenarbeit – Teamwork, Enthusiasmus, Führungsvermögen und Hoffnung – bewusst zu machen und mittels kleiner Interventionen zu stärken.

2.4 Wachstumsdenken

Welche Einstellung Menschen zu Veränderung haben, prägt Entwicklungsprozesse entscheidend, da wir Menschen in der Regel unbewusst einem Confirmation Bias folgen, d. h. eine Bestätigungstendenz haben (Nickerson, 1998). Wir nehmen selektiv wahr, da wir dazu neigen, bevorzugt die Dinge zu sehen und die Informationen aufzunehmen, die mit unseren bereits bestehenden Vorstellungen und unseren Erwartungen übereinstimmen.

Ist Schulentwicklung bei einer Lehrkraft oder der Schulleitung negativ besetzt, so wird sie eher die Dinge sehen, die diese Einstellung bestätigen. Immer wieder wird Schulentwicklung aus der Erfahrung heraus negativ konnotiert als eine Maßnahme, die nur unnötig Zeit kostet und keinen Mehrwert besitzt. Werden diese Gedanken beispielsweise noch durch Gespräche mit den Kolleginnen oder Kollegen darüber verstärkt, evoziert dies negative Emotionen und verhindert so Offenheit für den Prozess. Gekoppelt ist dies oft mit einem statischen bzw. starren Mindset (Dweck, 2017), das Dweck von einem dynamischen Mindset – zu Deutsch auch Wachstumsdenken – unterscheidet. Wesentlich für dieses Konzept ist, dass Menschen nicht per se das eine oder das andere Mindset, die eine oder andere Denkrichtung, verfolgen, sondern dass dies themenbezogen variieren kann. Charakteristisch für ein starres Denken – fixed Mindset – ist, dass menschliche Eigenschaften oder Situationen als unveränderbar angenommen werden. Konsequenterweise lohnen dann nur Situationen mit Aufgaben, auf die Einfluss genommen werden kann. Was nicht zu ändern ist, wird vermieden, die persönlichen Ressourcen werden geschont, da Anstrengung nicht der Mühe

Wert ist. Kritik bei eventuellen Versuchen wird abgelehnt, da sie nur das eigene Unvermögen bestätigt bzw. ein hoffnungsloses Unterfangen betont. Die Folge dieser Haltung ist, dass Potenziale nicht ausgeschöpft, Entwicklungsprozesse nicht angegangen werden.

Im dynamischen oder Growth Mindset ist dies diametral anders: Hier wird von der Grundannahme ausgegangen, dass menschliche Eigenschaften oder Situationen veränderbar sind, entwickelt werden können. Dazu sind Herausforderungen zu suchen und alleine oder gemeinsam anzugehen. Gelingt ein Prozess-Schritt nicht sofort, so ist dies ein Hinweis, dass es NOCH nicht der richtige Ansatz war und dass es ein Dranbleiben, weitere Anstrengung braucht. Kritik von anderen wird als nützlich und konstruktiv erachtet, da sie Hinweise auf mögliche neue Lösungsansätze beinhalten kann. Erfolg anderer in einer analogen Situation wird als inspirierend erlebt, ganz in dem Sinne: Wenn ein anderer das geschafft hat, dann kann ich das oder können wir das auch schaffen (Abb. 2.6).

In der Positiven Schulentwicklung wird auf dieses Konzept in Zusammenhang mit dem multidimensionalen Modell (vgl. Abschn. 2.5) hingewiesen. Hierin wird unter anderem deutlich, dass Schulentwicklung kein völlig offenes Feld ist, das von den Akteuren absolut autonom ausgestaltet werden kann. Vielmehr existiert ein Gestaltungsrahmen dadurch, dass Schulaufsicht und Politik Vorgaben machen. Ob dieser Rahmen nun im Sinne des starren Mindsets als Einschränkung und damit handlungslähmend erlebt wird oder im Sinne des Wachstumsdenkens als Orientierungsrahmen, innerhalb dessen viele Gestaltungsoptionen angegangen werden können, beeinflusst den Prozess entscheidend. In Lehrerkollegien finden sich in der Regel beide Typen mit den genannten Vorstellungen wieder. Schulentwicklungsmotoren mit starkem Drang zu Innovation lassen sich dabei in Bezug auf das Thema Schulentwicklung den Growth Mindset-Typen zu ordnen, während die sogenannten Entwicklungsbremser eher einem starren Mindset verhaftet sind. Eine gute Chance auf Veränderung besteht dann, wenn zum einen die Schulleitung und zum anderen ein Großteil des Kollegiums daran glaubt, dass Schulentwicklung etwas bringt, einen Mehrwert für Schule und Unterricht hat und dass die Lehrkräfte über entsprechende Ziele und Maßnahmen zu positiven Veränderungen in der Schule beitragen und so wirksam werden können.

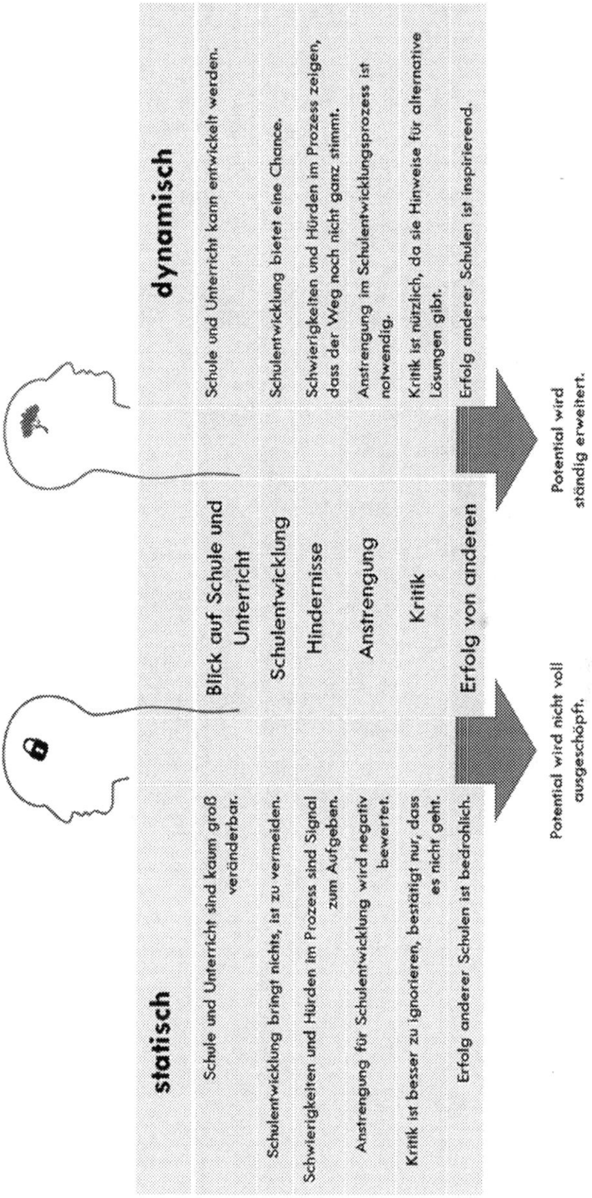

statisch	Blick auf Schule und Unterricht	dynamisch
Schule und Unterricht sind kaum groß veränderbar.	Blick auf Schule und Unterricht	Schule und Unterricht kann entwickelt werden.
Schulentwicklung bringt nichts, ist zu vermeiden.	Schulentwicklung	Schulentwicklung bietet eine Chance.
Schwierigkeiten und Hürden im Prozess sind Signal zum Aufgeben.	Hindernisse	Schwierigkeiten und Hürden im Prozess zeigen, dass der Weg noch nicht ganz stimmt.
Anstrengung für Schulentwicklung wird negativ bewertet.	Anstrengung	Anstrengung im Schulentwicklungsprozess ist notwendig.
Kritik ist besser zu ignorieren, bestätigt nur, dass es nicht geht.	Kritik	Kritik ist nützlich, da sie Hinweise für alternative Lösungen gibt.
Erfolg anderer Schulen ist bedrohlich.	Erfolg von anderen	Erfolg anderer Schulen ist inspirierend.
Potential wird nicht voll ausgeschöpft.		Potential wird ständig erweitert.

Abb. 2.6 Mindset

2.5   Das Multidimensionale Modell der Positiven Schulentwicklung

Das multidimensionale Modell der Positiven Schulentwicklung ist aus einer Verbindung des dynamischen Modells schulischer Effektivität (Creemers & Kyriakides, 2010) mit dem aus der Schulentwicklung bekannten Drei-Wege-Modell (Rolff, 2016) entstanden. Es gibt über vier Ebenen Aufschluss über die verschiedenen Handlungsfelder der Schulentwicklung an der Einzelschule:

- die Organisationsentwicklung auf Schulebene mit dem Aufsetzen eines strukturierten systematischen Prozesses sowie bei Bedarf einer Flankierung der Schulleitung durch Coaching,
- die Personal- und Teamentwicklung auf Teamebene mit der Initiierung systematischer Fort- und Weiterbildung sowie einer Kollegiumsentwicklung hin zu einer Professionellen Lerngemeinschaft,
- die Unterrichtsentwicklung auf Unterrichtsebene mit klassischen Unterrichtsentwicklungsprozessen, individuellem Unterrichtscoaching sowie der Lernsystementwicklung für Mathematik und Deutsch,
- Maßnahmen zur Positiven Bildung sowie zur Stärkung der Lebenskompetenz auf Schülerebene.

Gerahmt werden die Initiativen von Vorgaben durch die Politik bzw. die Schulaufsicht, was eine teilautonome Entwicklung der Einzelschule ermöglicht. Als Outcome werden die seit PISA und Co. zu Recht geforderten akademischen Leistungen der Schülerinnen und Schüler aus den Erkenntnissen der Positiven Bildung heraus in die Zielperspektive Wohlbefinden für alle im System Schule eingebettet. Jeder Ebene bzw. jedem Bereich sind zudem entsprechende PERMA-Pakete zugeordnet, Interventionspakete zur Unterstützung der einzelnen Prozesse (Abb. 2.7).

Abb. 2.7   Multidimensionales Rahmenmodell

2.6 Die Schlüsselfaktoren der Positiven Schulentwicklung

Für das Gelingen von Schulentwicklung konnte seit ihren Anfängen in den 1970er Jahren in der Schulentwicklungsforschung eine ganze Reihe von Faktoren erhoben und teilweise immer wieder bestätigt werden. Für die Positive Schulentwicklung, die sich als angewandte Wissenschaft versteht, war es notwendig, die Fülle zu reduzieren und auf wenige wesentliche Faktoren auszurichten. Das Ergebnis der Auswahl resultiert aus einer Metaanalyse einschlägiger Studien sowie aus den subjektiven Erfahrungen des Going Native im Rahmen von 20 Jahren Schulentwicklungsmoderation. In Kombination mit Erkenntnissen aus der Forschung zu PERMA lassen sich fünf Schlüsselfaktoren für Positive Schulentwicklung nennen: Autonomien der Akteure innen und außen, Positive Leadership der Leitung, Pilotierung von Bildungspraxis, Visionäre Prozesse mit Zielhierarchien und Evaluation sowie Wohlbefinden mit PERMA.

2.6.1 Autonomien der Akteure innen und Unterstützung von außen

Die Ausführungen zu Wohlbefinden (Abschn. 2.1) zeigen deutlich, dass Menschen sich dann engagieren, Sinn in ihrem Handeln erleben und Selbstwirksamkeit erfahren, wenn sie sich autonom fühlen (Berman & McLaughlin, 1975; Saalfrank, 2016). Notwendig ist dazu keine absolute Freiheit, entscheidend ist lediglich, dass Autonomie spürbar ist, die eine Teil- oder Wahlautonomie sein kann. Autonomieerfahrung eröffnet Ownership, das Gefühl, in einer Sache mitwirken und wirksam sein zu können sowie an etwas teilzuhaben, das größer ist als man selbst. Aus diesem Grund ist es wichtig, den Lehrkräften und der Schulleitung wenn nötig über das multidimensionale Modell der Positiven Schulentwicklung diese Autonomien deutlich zu machen und die häufig gespürten Begrenzungen als Gestaltungsrahmen anzubieten. Unterstützung von außen macht die Notwendigkeit von Schulentwicklungsbegleitung deutlich. Schulleitung und Lehrkräfte sind nicht umfassend ausgebildet in Schulentwicklung, es fehlt daher oft konzeptionelles Wissen sowie Expertise im Prozessmanagement. Auch die Unterstützung von außen muss die Möglichkeit haben, frei zu entscheiden, ob sie die Begleitung übernehmen möchte. Schulen fragen zunächst um Begleitung für den Prozess an. Die Schulentwicklungsbegleitung nimmt Erstkontakt auf. Stimmt die Passung zwischen Schulleitung und Schulentwicklungsbegleiterin oder -begleiter nicht, so ist dies anzusprechen und die Konsequenz daraus zu ziehen, eine andere Begleitung zu suchen.

2.6.2　Positive Leadership der Leitung

Schon in den RAND-Studien 1975 (Berman & McLaughlin, 1975) wurde die zentrale Rolle der Schulleitung im Schulentwicklungsprozess erkannt. Ihre Haltung und Vision ist maßgeblich für die Entwicklungen, da sie sowohl positiv als auch negativ für emotionale Ansteckung und Modell sorgen (Rozin & Royzman, 2001). Ist eine Schulleitung Innovation gegenüber offen und positiv eingestellt, so besteht die Chance, die Schulgemeinschaft mitzunehmen und für Erneuerung Pate zu stehen. Gelingende Schulentwicklung ist idealerweise eine von allen mitgetragene. Dazu empfiehlt sich ein partizipativer Führungsstil im Sinne des Positive Leadership (Ebner, 2019). Positive Leadership ist der aus der Positiven Psychologie erwachsene Führungsansatz, der das Wohlbefinden aller Mitarbeitenden zum Ziel hat, welches wiederum Produktivität und hohe Leistung einer Organisation ermöglicht.

2.6.3　Pilotierung von Bildungspraxis

Als ein bisher wenig evaluierter, in der Praxiserfahrung allerdings als essenziell erfahrener Schlüsselfaktor stellt sich die Pilotierung von Bildungspraxis dar. In der Begleitung von Schulen ist häufig der Drang im Kollegium spürbar, in Sachen Innovation sofort ins Tun zu kommen. Das Aufsetzen eines systematischen Prozesses wird zunächst als abschreckend und unnötig empfunden. Gleichzeitig schwingt eine Angst davor mit, Entwicklungen auf Gedeih und Verderb nachhaltig etablieren zu müssen. Der Schlüsselfaktor zur Pilotierung von Bildungspraxis (Haenisch & Steffens, 2017) befreit von dieser Vorfestlegung, lässt Spiel-Räume und vermittelt so Leichtigkeit. Ausprobieren zu können, Irrwege zu erleben und umzukehren, unterstützt auf Kollegiumsebene Erfahrungen mit einer veränderten Fehlerkultur. Fehler werden mitunter als notwendiger Teil von Entwicklung erfahren und so akzeptierbar. Dies ermöglicht Prozesse, die zwar Ziele haben, in den Ergebnissen dennoch nicht vorfestgelegt sind, was Lehrkräfte oft sehr entspannt. Besonders im Bereich Unterricht soll durch Pilotierung von neuen Formaten vorsichtig Zugang zu Alteritätserfahrungen, Erfahrungen anderer, neuer Methoden und Konzepte für Lehrkräfte eröffnet werden. Ausprobieren wohnt die Vorstellung inne, dass es nicht perfekt ist. Fehler und Scheitern sind somit potenzieller Teil des Ganzen und befördern das Wachstumsdenken.

2.6.4 Visionäre Prozesse mit Zielhierarchien und Evaluation

Wesentlich für das Gelingen von Schulentwicklung ist das Kohärenzgefühl der Kolleg*innen. Damit Schulentwicklung Sinn machen kann, müssen sie sich in den Vorstellungen von der Zukunft der Schule wiederfinden und diese als Annäherungsziel gemeinsam verfolgen können. Es braucht dazu nicht nur das Gespräch, sondern gemeinsame Bilder, die nach und nach in konkrete, kleine machbare Ziele heruntergebrochen und in einem überschaubaren Zeitraum erreicht werden können (Haenisch & Steffens, 2017; Saalfrank, 2016). Im Vorfeld gesetzte Ziele und Indikatoren in Kombination mit einem festgelegten Zeitpunkt der Zielerreichung ermöglichen zudem die Zielevaluation, die schließlich Erfolg sichtbar machen, Freude bei den Beteiligten auslösen und Motivation für weitere Entwicklungen schaffen können.

2.6.5 Wohlbefinden mit PERMA

Wohlbefinden mit PERMA ist allen Prozess-Schritten der Positiven Schulentwicklung inhärent. Gestützt wird dies durch die Erkenntnis, dass Wohlbefinden über die verschiedenen PERMA-Faktoren Produktivität und Leistung ermöglicht (Brohm & Endres, 2017). Damit steigt die Wahrscheinlichkeit eines gelingenden Innovationsprozesses. Haben die Akteure Freude im Tun (das bedeutet P wie Positive Emotionen), so sind sie offen und kreativ in der Entwicklungsarbeit. Empfinden sie die Entwicklung als Mehrwert, so unterstützt dieseSinngebung (M wie Meaning, Sinn) ihre Motivation – insbesondere, wenn Vision, Ziele und Prozess (A wie Accomplishment) klar sind. Und können sie in den klar definierten Arbeitsgruppen (R wie Relations) ihre Stärken einbringen, so birgt dies die Chance eines hohen Engagements (E wie Engagement) mit individuellem Flow und Flow in der Gemeinschaft.

Der PERMA*change*-Prozess in der Positiven Schulentwicklung

3

Grundsätzlich ist Innovieren in der Schule ein nicht endender Prozess. Er findet immer statt – entweder unbewusst und ungesteuert oder explizit und auf Grundlage eines Konzepts inklusive eines entsprechenden Prozess-Managements. Sind sie explizit, bewusst strukturiert angelegt, so orientieren sie sich im Bereich der Organisationsentwicklung in der Regel an einem zyklischen oder spiralförmig angelegten Phasenschema mit Initiation, Implementation und Inkorporation (Rolff, 2016). Der Einstieg in einen systematischen Positiven Schulentwicklungsprozess erfolgt normalerweise über das Aufsetzen eines Organisationsentwicklungsprozesses für die Einzelschule. In Österreich existiert dazu der Qualitätskreislauf QMS für Schulen, der dem PDCA-Zyklus nach Deming folgt und die klassischen Phasen Planen, Durchführen, Überprüfen, Schlussfolgern vorsieht. Für die Positive Schulentwicklung mit Flourishing SE ist früh der Gedanke entstanden, ein Interventionspaket vorzuhalten und so der Einzelschule den gesamten Prozess mit den zu erwartenden Schritten zeigen zu können. Die Erfahrung und erste Ergebnisse aus einer qualitativen Studie geben dem Recht: Die Visualisierung des siebenstufigen Prozess-Ablaufs eröffnet dem Kollegium nach einem ersten Erschrecken über die Vielzahl der Schritte eine Orientierung bzw. Verortung. Zu jedem Treffen wird die Übersicht präsentiert und es wird aufgezeigt, wo die Schule in ihrer Entwicklung steht. Neben der Information zeigt dies der Lehrerschaft, dass sie stetig im Prozess voranschreitet. Die Visualisierung als Treppe ist bewusst gewählt. So ist das Vorangehen, nach vorne gehen, ins Zukünftige gehen gekoppelt mit einem sich nach oben Arbeiten und irgendwann oben ankommen – ein Bild, das positive Emotionen erzeugen kann (Abb. 3.1).

© Der/die Autor(en), exklusiv lizenziert durch Springer Fachmedien Wiesbaden GmbH, ein Teil von Springer Nature 2022
U. Lichtinger, *Positive Schulentwicklung*, essentials,
https://doi.org/10.1007/978-3-658-37035-0_3

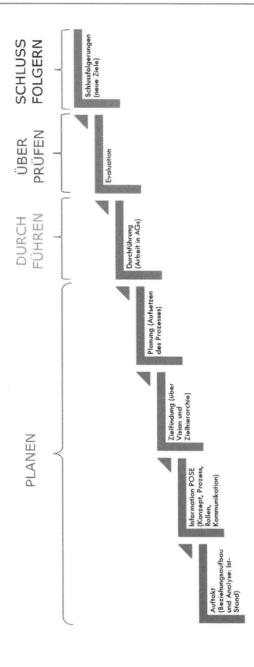

Abb. 3.1 Der PERMA Prozess in Phasen und Schritten

3.1 PERMA^{change} als Beispiel für ein PERMA-Paket

Marcus Ebner hat mit PERMA^{lead}, seinem Ansatz zur Positiven Führung (Ebner, 2019), den gedanklichen Impuls geliefert, die Interventionspakete der Positiven Schulentwicklung als PERMA-Pakete bzw. PERMA-Packages zu überschreiben. PERMA^{change} ist die Intervention zum Aufsetzen eines strukturierten und systematischen Schulentwicklungsprozesses im Sinne der Organisationsentwicklung der Einzelschule. Positive Schulentwicklung setzt in der Regel zunächst an dieser Stelle und mit diesem Paket an. Flankiert wird es bisweilen mit PERMA^{coach}, einem Paket, das ebenfalls der Schulebene zugeordnet ist, sich allerdings auf die Schulleitung fokussiert und dieser ein Unterstützungscoaching zu Agenden der Schulentwicklung anbieten soll. PERMA^{team} ist vorgesehen als Interventionspaket für Teambuilding-Prozesse im Kollegium, während PERMA^{train} einen Prozess anbietet für eine systematische Personalentwicklung an der Schule. PERMA^{teach} ist im Kontext der Positiven Schulentwicklung auf Unterrichtsentwicklung ausgelegt. Die Darstellung des Entwicklungsvorhabens als Prozess mit sieben Schritten ist besonders wichtig, da unterrichtliche Veränderungen an Schulen oft in Form von Einzelimpulsen aus Fortbildungen gedacht werden. Es erfolgt oft noch zu wenig mit Blick auf eine langfristige, strategische, breite Implementation an der Schule gerahmt durch ein entsprechendes Pädagogisches Konzept. PERMA^{assist} entspricht PERMA^{coach} auf Unterrichtsebene und adressiert als Angebot die Lehrkräfte, die ausgehend von Impulsen eines PERMA^{teach}– Prozesses an der eigenen Professionalisierung im Unterricht arbeiten möchten. PERMA^{lis} fällt etwas aus dem Rahmen eines Interventionspaketes. Es repräsentiert die Lernsystementwicklung, die Fachlehrpläne in Fachlernpläne umbricht und so Kindern und Jugendlichen individuelles und gemeinsames Lernen in je eigenem Tempo anbietet und über engmaschige Diagnostik den Lernfortschritt im Auge hat, um Lücken umgehend durch Förderangebote schließen zu können (www.lernle itern.de). Aktuell liegen erste Lernsysteme vor. PERMA^{learn} bietet für Schüler*innen Trainings zu Themen der Positiven Bildung. Positive Detective sowie eine Einheit zu Stärken stärken werden nach und nach zu einem umfassenden Curriculum zusammengeführt. PERMA^{digi} ist ein in der Pandemie entstandenes Paket, das sich der digitalen Schulentwicklung verschrieben hat. Es folgt weitgehend der Schrittigkeit des PERMA^{change}– Prozesses, baut allerdings vor der Visionsarbeit noch das Element der Learning Nuggets ein. Dies unterstützt die Visionsarbeit insbesondere in Kollegien, die noch weniger digitale Affinität oder Erfahrungen aufweisen können. PERMA^{inpose} repräsentiert eine Variation von PERMA^{change} für die Beauftragten der inklusiven Unterrichts- und Schulentwicklung (BiUSE) in Bayern und stellt somit ein Interventionspaket zur Verfügung, mit dessen Hilfe Schulen der Start in eine inklusive Schulentwicklung eröffnet werden kann.

Jedes Interventionspaket weist eine klare Zielsetzung sowie eine passende Prozess-Struktur auf, die allerdings nicht als starrer Rahmen, sondern vielmehr als Orientierungsleitplanke verstanden werden soll. Auch hier gilt das Prinzip des Ownership – jede Schulentwicklungsbegleiterin und jeder Schulentwicklungsbegleiter, der PERMA*change* nutzen möchte, soll und darf sich das Paket zu eigen machen und so nutzen, wie es passend erscheint. Die Erfahrung der letzten Jahre zeigt allerdings deutlich, dass es sich nicht bewährt hat, einzelne Schritte auszulassen oder methodisch zu stark zu variieren.

3.2   Schritt 1: Auftakt

Schritt 1 – Auftakt ist der Phase Planen zuzuordnen. Sie geht immer von einer Interessensbekundung durch die Schule bzw. durch eine Schulleitung aus. Auf diesen Impuls hin wird von der Schulentwicklungsbegleitung, die immer im Tandem auftritt, zunächst der Kontakt mit der Schulleitung gesucht. Als Gatekeeper spielt sie eine zentrale Rolle für den und im Prozess. Daher sind zunächst ihre Vorstellungen und Wünsche einzuholen. Das Erstgespräch mit der Schulleitung dient dem Beziehungs- und Vertrauensaufbau ebenso wie einer ersten Ist-Stands-Analyse. Sie findet – wenn möglich – an der Schule statt, sodass sich an das Gespräch eine Schulhausbegehung anschließen kann. Die Schulleitung wird vorauslaufend gebeten, Kennzahlen, Konzeptpapiere sowie Ergebnisse aus Schulleistungsüberprüfungen etc. bereit zu halten. Das Auftaktgespräch selbst wird in Form eines GROW-Interviews geführt. (Grant et al., 2009). GROW steht als Akronym für einen Ablauf, der sich aus vier Elementen konstituiert: Zunächst wird das Ziel (G für Goal) der angestrebten Entwicklung formuliert, dann wird der Ist-Stand (R für Reality) beleuchtet, um zu erkennen, was bereits gut läuft und wo Stärken in der Schule liegen. Darauf folgt das Andenken von Handlungsoptionen (O für Options), bevor abschließend eruiert wird, ob ein ernsthaftes Wollen (W für Will) der befragten Person gegeben ist, diese Schulentwicklung tatsächlich anzugehen. Wesentlich für diesen Auftakt ist die aus der Positiven Psychologie bekannte aktiv-konstruktive Form der Kommunikation, die positive Aussagen verstärkt und neben dem Interesse an den Inhalten bewusst auf die Erzeugung oder Erinnerung positiver Emotionen beim Interviewpartner ausgelegt ist. Gekoppelt mit Elementen der Appreciative Inquiry (Cooperrider, 2012) soll eine wertschätzende Atmosphäre erzeugt und so die Emotionen Hoffnung auf Verbesserungen

IST-STAND-ANALYSE

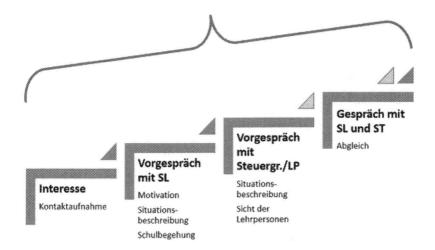

Abb. 3.2 Ist-Stand-Analyse

durch die angezielte Entwicklung, Dankbarkeit für die bestehenden Potenziale sowie Inspiration zu neuen Ideen evozieren (Abb. 3.2).

Ein analoges Gespräch wird im Anschluss mit der Steuergruppe oder einem von der Schulleitung heterogen zusammengestellten Fünfer-Schulteam geführt. Dies dient der Situationsbeschreibung aus Sicht der Lehrkräfte. Zugleich werden Emotionen der Dankbarkeit sowie Sinn der Schulentwicklung und der Begleitung evoziert. Das Gespräch gibt außerdem Aufschluss darüber, inwieweit Schulleitung und Lehrerkollegium – als dessen Repräsentanten die Gruppe angenommen wird – in ihren Vorstellungen und Wünschen im Gleichklang sind. Diese Multiperspektivität ist hilfreich für die Schulentwicklungsbegleitung, da so bereits ein erster Eindruck des Zusammenwirkens gewonnen werden kann.

In einem dritten Gespräch werden der Schulleitung und dem Schulteam gemeinsam die gewonnen Erkenntnisse anhand eines Bildes aufgezeigt. Wesentlich in diesem Schritt ist die Schnittmengen des Gehörten aufzuzeigen und ggf. Unterschiede herauszuarbeiten. Bei einer hohen Überschneidung kann von einer gut gegenseitig kommunizierten Absicht im Kontext der Schulentwicklung ausgegangen werden. Zentral für das dritte Gespräch ist auch, die Perspektivität der Schulentwicklungsbegleitung deutlich zu machen und zu unterstreichen, dass auch sie in ihrer Rolle nur einen Beitrag zum Prozess leisten kann, der die Beiträge der anderen Akteure ergänzt bzw. um fehlende Kompetenzbausteine erweitert. Damit werden die für die Positive Schulentwicklung geltenden Prinzipien von Ownership und Augenhöhe in der Praxis erfahrbar gemacht.

3.3   Schritt 2: Information an das Kollegium

Auch Schritt 2 – Information POSE an das Kollegium gehört zur Phase Planen und wird als pädagogischer Halbtag realisiert. Hier kommt es zur ersten Begegnung und Arbeit mit dem gesamten Kollegium. Er ist bewusst als zweite Stufe definiert, was für die Lehrkräfte oft ein motivierendes Momentum bei der Präsentation des Interventionspaketes darstellt: Sie empfinden die sieben Schritte in der Regel als umfangreich und sind gleichzeitig froh, dass schon die zweite Stufe erreicht ist. Der Prozess ist schon in Gang gekommen, die Schule steht in der Entwicklung nicht mehr am Anfang und es entsteht der – durchaus richtige – Eindruck, dass nicht immer alle Kolleginnen und Kollegen bei jedem Schritt umfassend involviert sind.

Ziele der Veranstaltung, die immer in Präsenz an der Schule stattfindet, sind

- für ein Unfreezing zwischen Schulentwicklungsbegleitung und Lehrerschaft zu sorgen
- und damit einen guten Beziehungsaufbau zu initiieren,
- über die vorauslaufenden Prozessbausteine und deren Ergebnisse zu informieren,
- das weitere Vorhaben als Vorschlag zu skizzieren
- sowie die Positive Schulentwicklung in seinem Grundkonzept vorzustellen.

Das unmittelbar an die Begrüßung durch die Schulleitung anschließende Unfreezing ist interaktiv gestaltet. Zunächst werden kleine Maßnahmen der Positiven Psychologie wie die Positive Introduction an individuellen Stärken entlang oder das Positive Storytelling zur Unterstützung einer positiven Gestimmtheit genutzt. Danach begeben sich alle in einem dafür vorbereiteten Bereich in einen Stehkreis. Anhand von Fragen z. B. zur Schulzugehörigkeit, dem Arbeitsausmaß, dem Einsatz an der Schule, der Altersverteilung gilt es, ein erstes Bild des Kollegiums

zu erhalten. Die Methode sieht vor, dass jede Frage von der Schulentwicklungsbegleitung vorgelesen wird und dass Antwortmöglichkeiten auf Kärtchen auf den
Boden gelegt werden, denen sich die Lehrkräfte durch Aufstellung zuordnen.
Die entstehenden Gruppierungen sind häufig auch für das Kollegium interessant,
meist kommt dabei eine lockere und humorvolle Atmosphäre auf.

An diese ca. 20-minütige Phase schließt sich der Informationsteil an, der
im Sitzkreis mittels Powerpoint erfolgt. Die bisherige Arbeit wird im Rahmen
der Präsentation des Standardprozesses von PERMA^{change} (Abb. 3.1) dargestellt.
Dadurch wird von Beginn an die Verzahnung der konzeptionellen Basis mit dem
praktischen Prozess an der konkreten Schule deutlich. Die ersten drei Gespräche
werden offen und transparent erläutert, sodass zudem die initiierte Transparenz
für alle erlebbar wird. Es bleibt Zeit für Fragen, die konzertant von der Schulentwicklungsbegleitung, der Schulleitung und ggf. der Steuergruppe bzw. dem
Schulteam, das in den Vorgesprächen involviert war, beantwortet werden. Dieses Procedere zielt u. a. darauf ab, die Ownership für die Entwicklung von
Anfang an bei der Schule und ihren Akteuren zu belassen und das Prinzip der
Zusammenarbeit auf Augenhöhe wirksam werden zu lassen. Sind nach der Vorstellung des kompletten Stufenmodells sowie der Grundlagen einer Positiven
Schulentwicklung – dazu gehören Mehrebenenmodell, PERMA und Schlüsselfaktoren sowie die Rolle der Schulentwicklungsbegleiter*innen – keine Fragen
mehr offen, so geht die Informationsveranstaltung in eine Entscheidungsfin-
dung über. Die Schulentwicklungsbegleitung verlässt die Veranstaltung, sodass
die Schule intern im Anschluss entscheiden kann, ob sie den vorgestellten Prozess in der Begleitung durch die beiden Personen, die sie in der Veranstaltung
kennengelernt haben, gehen wollen. Erfolgt das Plazet, so wird dies den Schulentwicklungsbegleitpersonen kommuniziert und der nächste Arbeitstermin wird
vereinbart.

3.4   Schritt 3: Visionsarbeit und Zielfindung

Schritt 3 – Visionsarbeit und Zielfindung wird entweder als weitere SchiLF ange-
setzt oder ggf. mit der Informationsveranstaltung verbunden. Nach Zufallsprinzip
wird das Kollegium in Gruppen eingeteilt, um ihre Vision der Schule in fünf
Jahren zu skizzieren. Die Einstimmung in den Prozess erfolgt durch ein Narrativ,
das die Zukunft ins Jetzt holt, spürbar macht und zur Formulierung von Everest
Zielen einlädt. In den einzelnen Gruppen aus vier bis sechs Lehrkräften werden
Bilder der idealen eigenen Schule in fünf Jahren entworfen und ggf. mit einem
Motto überschrieben. Nach dieser Arbeitsphase werden die Gruppen im Sinne des

Gruppenpuzzles neu zusammengestellt. In der neuen Gruppierung findet sich je
ein Experte aus der ersten Phase in der Gruppe. Gemeinsam gehen sie in einem
Gallerywalk durch alle Visionen und stellen sie sich gegenseitig vor. Die Präsentation in der Kleingruppe ist bewusst gewählt, sodass die Lehrkräfte in einer
persönlichen Distanz bzw. Nähe bleiben können. Dies wirkt erfahrungsgemäß
stark emotional, die Energetisierung des Raumes ist in der Regel förmlich zu spüren. In einem weiteren Zwischenschritt gehen die Lehrkräfte in ihre erste Gruppe
zurück und arbeiten für ihre Vision, die durchaus angereichert durch die Eindrücke des Gallerywalks sein dürfen, drei Zielideen aus, deren Verfolgung sie für
ihren Standort als sinnvoll erachten. Dem Schlüsselfaktor der (Teil-)Autonomie
der Akteure wird in dieser Phase bestmöglich Rechnung getragen. Positive Emotionen der Freude und oft auch der Heiterkeit, der Inspiration und der Hoffnung,
der Zufriedenheit sowie bei der Präsentation auch des Stolzes werden in diesem
Schritt erlebbar. Sinn entsteht und schafft eine Basis für späteres Engagement.
Die Schulentwicklungsbegleitpersonen nehmen die Visionsbilder sowie die dazu
formulierten Zielideen mit, um daraus Leitzielvorschläge für die Schule zu gene-
rieren. Diese werden dann der Schule zur Verfügung gestellt, sodass sie soweit
modifiziert werden können, bis sie den Vorstellung des Kollegiums vollständig
entsprechen und verabschiedet werden können.

3.5   Schritt 4: Prozessplanung

Schritt 4 – Prozessplanung findet an einem weiteren pädagogischen Halbtag mit
dem gesamten Kollegium statt. Die Anwesenheit aller ist hierbei entscheidend, da
die Prozessplanung die Struktur für die sich anschließende arbeitsteilige Phase der
Durchführung legt, die vom Kollegium so gemeinsam festgesetzt wird. Begonnen
wird diese Arbeit mit der Finalisierung der Leitziele. Dabei werden alle Leitziele
besprochen, Veränderungsvorschläge zur Diskussion gestellt und – wenn der all-
gemeine Wunsch besteht – in die finale Formulierung aufgenommen. Zu jedem
Leitziel werden in der Folge Arbeitsgruppen installiert, die den individuellen Mit-
wirkungswünschen der Lehrkräfte entsprechen. Jede Arbeitsgruppe steigt dann
für sich

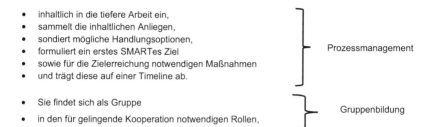

- inhaltlich in die tiefere Arbeit ein,
- sammelt die inhaltlichen Anliegen,
- sondiert mögliche Handlungsoptionen,
- formuliert ein erstes SMARTes Ziel   } Prozessmanagement
- sowie für die Zielerreichung notwendigen Maßnahmen
- und trägt diese auf einer Timeline ab.

- Sie findet sich als Gruppe
                                                              } Gruppenbildung
- in den für gelingende Kooperation notwendigen Rollen,

- ausgehend von den individuellen Stärken der einzelnen.

Die Prozessplanung übernimmt damit eine Doppelfunktion – die des Prozessmanagements und die der Gruppenbildung. Im Sinne der Positiven Bildung erfolgt die Sachorientierung in der Gruppe teilautonom. Durch das Kollegium wird der inhaltliche Rahmen im Leitziel abgesteckt. Er bleibt allerdings so groß, dass die Arbeitsgruppe die Möglichkeit einer freien Schwerpunktsetzung hat, was Engagement fördern und im besten Fall Gruppenflow auslösen kann. Damit kann das E für Engagement in PERMA unterstützt werden. Zusätzlich wird dem Faktor Sinn (M) Rechnung getragen. Denn jede Arbeitsgruppe wird ihren Fokus auf das legen, was ihr am sinnvollsten und wichtigsten erscheint. Dazu wird ein SMARTes Ziel gesteckt mit einem Termin zur Überprüfung der Zielerreichung, die Basis für das A wie Accomplishment in PERMA – Erfolg und Selbstwirksamkeit durch Zielerreichung. Dabei ist die Prozessplanung so angelegt, dass in der Arbeitsgruppe bei jedem einzelnen mehrere Sinndimensionen berührt sind. Durch die Übernahme einer oder mehrerer Rollen in der Arbeitsgruppe auf Basis der individuellen Stärken wird Selbstverwirklichung möglich. Gleichzeitig ist die Arbeitsgruppe so ein kooperatives Team. Dadurch besteht positive gegenseitige Abhängigkeit, die Zielerreichung ist nur durch ein Miteinander und Füreinander möglich. Dies aktiviert das Wir- und Wohlgefühl. Jede Entwicklung ist darüber hinaus ein Ausloten von Innovation und Tradition, die dem Ordnungs-Sinn innewohnt. Zuletzt ist es bedeutsam, sich zu vergegenwärtigen, dass jede schulische Innovation ein Beitrag zu werthaltiger, chancengerechter Bildung darstellt und somit der Selbsttranszendenz Rechnung tragen kann, an etwas ganz Großem und Bedeutsamem zu mitzuwirken.

Im Zusammenhang mit dieser Methode der Gruppenbildung fällt immer wieder auf, dass die typische Phase des Stormings zu Beginn, in der normalerweise viel Dynamik und Unruhe spürbar ist, weil das – meist implizite – Aushandeln der Rollen von statten geht, nahezu ausfällt. Die Rollenzuschreibung auf Basis der Charakterstärken führt – so die Beobachtung – zu einem schnellen, passenden Norming in der Gruppe, sodass sie gut und reibungslos ins Performing kommen kann.

3.6   Schritt 5: Durchführung

Schritt 5 – die Durchführung entspricht der zweiten und in der Regel zeit-
lich längsten Phase des Prozesses. Die Arbeitsgruppen setzen die geplanten
Maßnahmen um. Die Kommunikation zwischen den Arbeitsgruppen sowie zur
Schulleitung wird über eine klar definierte Struktur gehandhabt. Dazu wird eine
Steuergruppe installiert, die aus den Sprechern der Arbeitsgruppen besteht und
sich regelmäßig mit der Schulleitung zum inhaltlichen Austausch trifft und die
Ergebnisse des Treffens in die Arbeitsgruppe zurückspielt. Wesentlich hierbei ist
zum einen die Transparenz der Prozesse für alle sowie die Vermeidung von paral-
lelen oder disparaten Entwicklungen in den Arbeitsgruppen und die Abstimmung
im Hinblick auf Entscheidungsprozesse. In Konferenzen bildet die Schulentwicklung einen festen Tagesordnungspunkt, in dessen Rahmen die Arbeitsgruppen im
Sinne des Positive Storytelling über Gelungenes, Überraschendes, Erfreuliches
berichten und die Schulleitung wenn nötig wichtige Informationen ansprechen
oder Entscheidungen ansetzen kann.

Die Schulentwicklungsbegleitung flankiert in dieser Phase zunächst die Steuergruppe und ist in den ersten Treffen zur Etablierung dieser Struktur mit dabei. Mit
zunehmendem Empowerment in der Schule zieht sie sich zurück und agiert auf
Zuruf. In Konflikten, die einer Moderation bedürfen, kommt sie dazu und fungiert
als Mediator und Rollenmodell der positiven Organisationsentwicklung. Wesentlich für das Wohlbefinden in Schritt 5 sind das Engagement in den Maßnahmen
im Hinblick auf die Zielerreichung. Hilfreich ist es, in den Arbeitsgruppen auf
positive Kommunikation und positive Emotionen zu achten. Gutes zu erleben
und miteinander zu teilen, zudem auch Humor walten zu lassen, unterstützen
Leichtigkeit trotz Anstrengung, Leidenschaft und Ausdauer.

3.7   Schritt 6: Evaluation

Schritt 6 – die Evaluation zielt auf die Überprüfung der Zielerreichung durch
die Schule, wird als interne bzw. Selbstevaluation verstanden. Zunächst wird
summativ evaluiert, wenngleich auch die formative Dimension als bedeutsam
erachtet und in der Evaluation mitgedacht wird. Die gesetzten Maßnahmen werden zunächst anhand der mit Indikatoren unterlegten SMARTen Ziele evaluiert.
Dazu stellt die Schulentwicklungsbegleitung der Steuergruppe verschiedene Tools
vor und führt mit Schulleitung und Steuergruppe gemeinsam die erste Evaluation
aller Prozesse und Ergebnisse in den Arbeitsgruppen durch. Zielerreichung wird
ad hoc in der Runde wertgeschätzt und gefeiert, um auch hier das Gelingen in den

Fokus zu nehmen. Zudem werden die Zusammenarbeit in der Gruppe, die Ausfüllung der einzelnen Rollen, der Prozessverlauf, die Steuerung in der Arbeitsgruppe thematisiert. Prozesse, die noch nicht am Ziel angekommen sind, werden gemeinsam mit der jeweiligen Arbeitsgruppe analysiert, Learnings werden abgeleitet. Zudem wird überlegt, wie weiter verfahren werden soll, also

- ob das Ziel weiter verfolgt werden soll und wenn ja, wie,
- ob sich andere Ziele unerwartet als notwendige Zwischenziele aufgetan haben oder
- ob die Ziele sich bei eingehender Betrachtung als unpassend erwiesen haben und daher gut begründet fallen gelassen werden sollen.

Die Überlegungen und Entscheidungen jeder Arbeitsgruppe werden dann im Kollegium präsentiert und das weitere Procedere wird gemeinsam auf Vorschlag der Arbeitsgruppe entschieden. Wesentlich für die Evaluation ist der Wohlbefindensfaktor A für Accomplishment von PERMA, der Erfolg durch Zielerreichung. Wird in der Evaluation in einer Arbeitsgruppe kein Erfolg im Sinne der Erreichung des SMARTen Zieles sichtbar, so ist es zentral die Ergebnisse aus der Haltung des Growth Mindsets heraus darzustellen. Dies bedeutet zunächst, die durchgeführten Maßnahmen zu präsentieren und zu erläutern, welche Arbeitsschritte genommen wurden und zu welchen Ergebnissen dies geführt hat. Diese Vorstellung kann sehr gut mithilfe der Timeline erfolgen. Dadurch wird deutlich erkennbar, dass in der Arbeitsgruppe nicht nichts geschehen ist, sondern dass im Prozess möglicherweise Hürden oder Stolperstellen aufgetreten sind und so das Ziel NOCH nicht erreicht werden konnte. Wesentlich ist zudem die Vorstellung der Learnings der Arbeitsgruppe im Prozess, die deutlich macht, dass die Arbeit der Gruppe weder umsonst noch bedeutungslos war.

3.8 Schritt 7: Schlussfolgern

Schritt 7 – Schlussfolgern deckt die Phase 4 des Qualitätskreislaufs ab und dient dem gemeinsamen Innehalten und Feiern. In einer Konferenz werden die Evaluationsergebnisse vorgestellt, Prozesse und Produkte gewürdigt und miteinander das Erreichen der Ziele gefeiert. Die Konferenz klingt mit einem geselligen Beisammensein aus und lässt die Erfolge nachwirken. Wesentlich ist in diesem Schritt die Rolle der Schulleitung. Ihr kommt insbesondere die Aufgabe der Wertschätzung zu. Dies erfordert eine differenzierte Rückmeldung auf die Prozesse und Ergebnisse, erkennt Anstrengung und Ausdauer, Einhalten der Timeline, Arbeiten an

Maßnahmen ebenso an wie erarbeitete Produkte. Damit werden positive Emotionen (E) im Kollegium evoziert, Engagement (E) wird anerkannt, das Gemeinsame (R) wird gewürdigt, die Zielerreichung (A) gefeiert und die Schulentwicklung als Gesamt an den großen Sinn von Schule (M) rückgebunden.

Schritt 7 dient zudem als Schwelle – er ist Abschluss des Prozesses und Startpunkt eines neuen Prozesses im spiralförmigen Kreislauf von systematischer Positiver Schulentwicklung.

Aktuelle Befunde, Chancen und Grenzen der Positiven Schulentwicklung

4

Die Positive Schulentwicklung mit seinem Interventionspaket PERMA^{change} wird durch eine Begleitforschung flankiert. Hier interessiert zunächst die Wirkung auf Lehrerebene. Mithilfe einer Befragung im Prä-Post-Design werden Wohlbefinden, Schulentwicklungswissen und Mindset erhoben. Ratingkonferenzen mit Steuergruppe und Schulleitung ergänzen die quantitative Studie und holen multiperspektivisch Interpretationen der Daten ein. Darüber hinaus werden über Interviews mit Schulleitungen Gelingensbedingungen der Positiven Schulentwicklung eruiert sowie Prozessdokumentationen angefertigt, um ein möglichst umfangreiches Bild zu erhalten. Die Mehrdimensionalität der Forschung zielt darauf ab, sich einem Verständnis der Wirksamkeit von Flourishing SE im komplexen Feld Schule zu nähern.

Chancen in der Positiven Schulentwicklung sehen Schulleitungen in mehrfacher Hinsicht. Zum einen unterstützt die Visualisierung von PERMA^{change} über die sieben Schritte das Aufsetzen und gemeinsame Voranschreiten in einem sehr systematischen Prozess. Die einzelnen Schritte werden zunächst von den Kollegien immer wieder auch als (zu) umfangreich gedeutet, mit zunehmender Erfahrung wird diese Vorvorstellung allerdings revidiert. Die konsequente Möglichkeit zu (teil-)autonomem Handeln auf Ebene der Schule, der Arbeitsgruppe und des einzelnen wird als wichtig erachtet, da vielfach in der Lehrerschaft die Vermutung mitschwingt, dass die Schulentwicklung eine verkappte Top-Down-Reform von Maßnahmen, die durch das Ministerium beschlossen wurden, sein könnte. Die Klarheit der vorhandenen Vorgaben wird durch die Darstellung als Rahmenbedingungen als sehr deutlich und ehrlich empfunden. Das Bild des „Gestaltungs-Rahmens" wird geschätzt, da er zwar absolute Freiheit ausschließt, dennoch relative Freiheiten mit vielen Optionen lässt. Die Einbeziehung der Positiven Psychologie und damit verbunden der Blick auf das Wohlbefinden

U. Lichtinger, *Positive Schulentwicklung*, essentials, https://doi.org/10.1007/978-3-658-37035-0_4

der Lehrkräfte und Schülerschaft in der Schulentwicklung entspricht Schulleitungen immer wieder, da sie sich in ihrer Aufgabe, die Menschen in der
Schule im Blick zu haben, wiederfinden und darin ihrem Empfinden nach unterstützt werden. So ist die Orientierung an der positiven Ausrichtung mitunter ein
Entscheidungsgrund für die Arbeit mit diesem Konzept.

Grenzen werden dort erkannt, wo Wunsch, Vision oder Ziele einzelner Lehrkräfte nicht zum Mehrheitsentscheid passen und sich Widerstand zeigt. Ebenso
ist dies bei fehlender Mitarbeit durch Lehrkräfte in den Arbeitsgruppen der
Fall. Zudem herrscht im komplexen Feld der Schulentwicklung nicht immer
sofort Rollen- und Aufgabenklarheit. Dies ist allerdings weniger Flourishing
SE zuzuschreiben als Schulentwicklung allgemein. Hilfreich ist in jedem Fall
die Unterstützung durch externe Schulentwicklungsbegleitung, da damit insbesondere für Schulleitungen Doppelrollen vermieden werden können – was dem
Schlüsselfaktor Autonomie der Akteure innen und Unterstützung von außen
entspricht.

Fazit 5

Mehr denn je spüren wir auch in Schulen, dass wir in der VUCA-Welt angekommen sind. Volatilität, Ungewissheit, komplexe und ambige Aufgaben prägen nicht zuletzt durch das Pandemiegeschehen den Alltag an Schulen. Der schulische Alltag ist durchzogen von Verlusten, Verlusten an immer wieder ungewissen Tagesroutinen und etablierten gemeinschaftlichen Ritualen, Verlusten an Kontakten und Begegnungen. Lehrkräfte wurden völlig unerwartet mit den Aufgaben digitaler Schule, distance learning und asynchronen Prozessen konfrontiert. Wege neuen Lehrens und Lernens mussten schnell und ohne langfristige Planung und systematische Struktur oft alleine gefunden und ausprobiert werden – eine Belastung (Huber et al., 2020). Stress und psychische Erkrankungen wie Depressionen stiegen in den letzten Jahren bei Schülerinnen und Schülern und bei Lehrkräften erheblich (Pieh et al., 2021; Probst et al., 2020). Feeling good und doing well – die Ziele der Positiven Bildung erhielten dadurch nochmals eine neue, tiefere Bedeutung: Die Notwendigkeit schulischer Angebote zur Förderung von Gesundheit ist sehr deutlich geworden, ein systematischer Entwicklungsprozess zu einer Positiven Schule ist nicht nur auf Ebene der Einzelschule, sondern auf Systemebene eingeläutet. Dies erkennen im deutschsprachigen Raum inzwischen auch mehr und mehr Schulaufsichtsbehörden sowie Pädagogische Institute der Bildungsministerien. Positive Schulentwicklung erfreut sich wachsender Beliebtheit. Als empirisch fundiertes Konzept bietet sie eine Fülle an Möglichkeiten zur Positiven Bildung und Entwicklung in der Schule. Laut Denken, mutig Handeln, Vorwärtsblicken sind ihre wesentlichen Elemente. Sie lädt ein, sich auf den Weg zu machen, miteinander, systematisch, engagiert. Und durchaus auch bisweilen mit rosaroter Brille, wohl wissend, dass positive Emotionen, Zuversicht und Freude wichtige Motoren für erfolgreiche Entwicklungsprozesse darstellen.

U. Lichtinger, *Positive Schulentwicklung*, essentials, https://doi.org/10.1007/978-3-658-37035-0_5

Was Sie aus dem *essential* mitnehmen können

- Wie Sie Schulen in einen stärken- und wachstumsorientierten Schulentwicklungsprozess begleiten können
- Wie Sie Wohlbefinden an Schulen nicht nur als Ziel von Schulentwicklung verfolgen, sondern auch in jedem Schritt des Prozesses mit POSE fördern können
- Wie Sie Schulentwicklungsbegleitung empiriebasiert und positiv anbieten können

Literatur

Belbin, R. M. (1981). *Management teams*. Elsevier.

Berman, P., & McLaughlin, M. (1975). *Federal programs supporting educational change*. RAND.

Blickhan, D. (2018). *Positive Psychologie – Ein Handbuch für die Praxis* (2. Aufl.). *Reihe Fachbuch*. Junfermann Verlag. http://www.blickinsbuch.de/item/9d06a67d909f718 9ef7352c181278d89.

Bradburn, N. M. (1969). *The structure of psychological well-being*. Aldine.

Brohm, M., & Endres, W. (2017). *Positive Psychologie in der Schule: Die »Glücksrevolution« im Schulalltag* (2., erweiterte Aufl.). Beltz.

Cameron, K. (2013). *Practicing positive leadership: Tools and techniques that create extraordinary results*. Berrett-Koehler.

Cooperrider, D. L., & Whitney, D. (2012). *Appreciative Inquiry. A Positive Revolution in Change* (16th ed.). ReadHowYouWant.

Creemers, B., & Kyriakides, L. (2010). School factors explaining achievement on cognitive and affective outcomes: Establishing a dynamic model of educational effectiveness. *Scandinavian Journal of Educational Research, 54*(3), 263–294. https://doi.org/10.1080/003 13831003764529.

Diener, E. (1984). Subjective well-being. *PSychological Bulletin, 95*(3), 542–5754.

Dweck, C. (2017). *Selbstbild: Wie unser Denken Erfolge oder Niederlagen bewirkt* (Bd. 31122). Piper.

Ebner, M. (2019). *Positive Leadership: Erfolgreich führen mit PERMA-Lead: die fünf Schlüssel zur High Performance: ein Handbuch für Führungskräfte, Personalentwickler und Trainer*. Facultas Verlag.

Emmons, R. A. (2003). Personal goals, life meaning, and virtue: Wellsprings of a positive life. In C. L. M. Keyes & J. Haidt (Hrsg.), *Flourishing: Positive psychology and the life well-lived* (S. 105–128). American Psychological Association. https://doi.org/10.1037/ 10594-005.

Fredrickson, B. (2003). Positive emotions and upward spirals in organizations. In K. Cameron, J. Dutton, & R. Quinn (Hrsg.), *Positive organizational scholarship : Foundations of a new discipline* (S. 163–175). Berrett-Koehler.

© Der/die Herausgeber bzw. der/die Autor(en), exklusiv lizenziert durch
Springer Fachmedien Wiesbaden GmbH, ein Teil von Springer Nature 2022
U. Lichtinger, *Positive Schulentwicklung*, essentials,
https://doi.org/10.1007/978-3-658-37035-0

Fredrickson, B. L., Mancuso, R. A., Branigan, C., & Tugade, M. M. (2000). The undoing effect of positive emotions. *Motivation and emotion, 24*(4), 237–258. https://doi.org/10. 1023/A:1010796329158.

Gottman, J., Driver, J., & Tabares, A. (2002). Building the sound marital house. An empirically derived couple therapy. In A. S. Gurman & N. S. Jacobson (Hrsg.), *Clinical handbook of couple therapy* (S. 373–399). The Guildford Press.

Grant, A. M., Curtayne, L., & Burton, G. (2009). Executive coaching enhances goal attainment, resilience and workplace well-being: A randomised controlled study. *The journal of positive psychology, 4*(5), 396–407. https://doi.org/10.1080/17439760902992456.

Haenisch, H., & Steffens, U. (2017). Schlüsselfaktoren für die Entwicklung von Schulen. In U. Steffens, K. Maag Merki, & H. Fend (Hrsg.), *Beiträge zur Schulentwicklung: Bd. 2. Schulgestaltung: Aktuelle Befunde und Perspektiven der Schulqualitäts- und Schulentwicklungsforschung* (S. 159–184). Waxmann.

Huber, S. G., Günther, P. S., Schneider, N., Helm, C., Schwander, M., Schneider, J., & Pruitt, J. (2020). *COVID-19 und aktuelle Herausforderungen in Schule und Bildung.* Waxmann. https://doi.org/10.31244/9783830942160.

Lichtinger, U. (2021). Flourishing - Wohlbefinden und höhere Leistungen in der Schule. *Starke Lehrer - Starke Schule,* 2021(46). Raabe.

Lichtinger, U., & Rigger, U. (2022). *Schule wird gelingen mit Flourishing SE.: Das Praxishandbuch der Positiven Schulentwicklung.* Carl Link.

Nakamura, J., & Csikszentmihalyi, M. (2009). Flow theory and research. In C. R. Snyder & S. J. Lopez (Hrsg.), *Oxford library of psychology. Oxford handbook of positive psychology* (2. Aufl., S. 195–206). Oxford University Press.

Nickerson, R. S. (1998). Confirmation bias: A ubiquitous phenomenon in many guises. *Review of General Psychology, 2*(2), 175–220. https://doi.org/10.1037/1089-2680.2. 2.175.

Niemiec, R. M. (2019). *Charakterstärken: Trainings und Interventionen für die Praxis* (1. Aufl.). Hogrefe.

Norrish, J. (2015). *Positive education: The Geelong Grammar School journey. Oxford positive psychology series.* Oxford University Press.

Peterson, C., & Seligman, M. E. P. (2004). *Character strengths and virtues: A handbook and classification.* Oxford University Press; American Psychological Assoc. http://www.loc. gov/catdir/enhancements/fy0614/2003024320-d.html.

Pieh, C., Dale, R., Plener, P. L., Humer, E., & Probst, T. (2021). Stress levels in high-school students after a semester of home-schooling. *European child & adolescent psychiatry. Vorab-Onlinepublikation.* https://doi.org/10.1007/s00787-021-01826-2.

Probst, T., Budimir, S., & Pieh, C. (2020). Depression in and after COVID-19 lockdown in Austria and the role of stress and loneliness in lockdown: A longitudinal study. *Journal of affective disorders, 277,* 962–963. https://doi.org/10.1016/j.jad.2020.09.047.

Rolff, H.-G. (2016). *Schulentwicklung kompakt: Modelle, Instrumente, Perspektiven* (3. Aufl.). *Pädagogik.* Beltz.

Rozin, P., & Royzman, E. B. (2001). Negativity Bias, Negativity Dominance, and Contagion. *Personality and Social Psychology Review, 5*(4), 296–320.

Ruch, W., Gander, F., Platt, T., & Hofmann, J. (2018). Team roles: Their relationships to character strengths and job satisfaction. *The journal of positive psychology, 13*(2), 190–199. https://doi.org/10.1080/17439760.2016.1257051.

Ryan, R. M., & Deci, E. L. (2018). *Self-determination theory: Basic psychological needs in motivation, development, and wellness (Paperback edition)*. The Guilford Press.

Ryff, C. D. (1989). Happiness is everything, or is it? Explorations on the meaning of psychological well-being. *Journal of personality and social psychology, 57*(6), 1069–1081. https://doi.org/10.1037/0022-3514.57.6.1069.

Ryff, C. D. (2014). Psychological well-being revisited: Advances in the science and practice of Eudaimonia. *Psychotherapy and Psychosomatics, 83*(1), 10–28. https://doi.org/10.1159/000353263.

Saalfrank, W.-T. (2016). Schulentwicklung heute – Eine theoretische Skizze. In E. Kiel & S. Weiß (Hrsg.), *Schulentwicklung gestalten. Theorie und Praxis von Schulinnovation.* Kohlhammer.

Schirmer, U., & Woydt, S. (2016). *Mitarbeiterführung.* Berlin. https://doi.org/10.1007/978-3-662-47915-5.

Schnell, T. (2016). *Psychologie des Lebenssinns.* Springer.

Seligman, M. E. P. (2015). *Wie wir aufblühen: Die fünf Säulen des persönlichen Wohlbefindens* (2. Aufl., Bd. 22111). Goldmann.

Seligman, M. E. P., & Csikszentmihalyi, M. (2000). Positive psychology: An introduction. *American Psychologist, 55*(1), 5–14. https://doi.org/10.1037//0003-066X.55.1.5.

Seligman, M. E. P., et al. (2009). Positive education: Positive psychology and classroom interventions. Oxford Review of Education, 35(3), 293–311.

Seligman, M. E. P., Railton, P., Baumeister, R. F., & Sripada, C. (2016). *Homo prospectus.* Oxford University Press.

Sheldon, K. M., & Lyubomirsky, S. (2019). Revisiting the Sustainable Happiness Model and Pie Chart: Can Happiness Be Successfully Pursued? *The Journal of Positive Psychology,* 1–10. https://doi.org/10.1080/17439760.2019.1689421.

Watzka, K. (2016). *Ziele formulieren: Erfolgsvoraussetzungen wirksamer Zielvereinbarungen. essentials.* Springer Fachmedien Wiesbaden. http://gbv.eblib.com/patron/FullRecord.aspx?p=4338325.

Printed in the United States
by Baker & Taylor Publisher Services